能知古始，是谓道纪。

知·道

道教石窟造像简史

萧易 著

广西师范大学出版社
GUANGXI NORMAL UNIVERSITY PRESS
·桂林·

知•道：道教石窟造像简史
ZHI DAO：DAOJIAO SHIKU ZAOXIANG JIANSHI

绘　图：金磊磊
摄　影：曹建国　邓崇刚　甘　霖　胡文和　金　涛　李云松　刘乾坤
刘建明　李忠义　冉玉杰　王　彤　王　炘　向文军　余茂智
尹　忠　颜晓云　赵　熠　郑　杰　郑叶良　赵大鹏

出版统筹：廖佳平　　责任技编：王增元
策划编辑：邹湘侨　　装帧设计：一水长天 • 朱星海
责任编辑：邹湘侨　　内文制作：广大迅风 • 王玲芳
助理编辑：唐划弋

图书在版编目（CIP）数据

知 • 道 ：道教石窟造像简史 / 萧易著. -- 桂林 ：广西师范大学出版社，2025. 5. -- ISBN 978-7-5598-7971-4

Ⅰ. B959.2

中国国家版本馆 CIP 数据核字第 2025DL4107 号

广西师范大学出版社出版发行
（广西桂林市五里店路 9 号　邮政编码：541004
网址：http://www.bbtpress.com）
出版人：黄轩庄
全国新华书店经销
广西广大印务有限责任公司印刷
（桂林市临桂区秧塘工业园西城大道北侧广西师范大学出版社集团有限公司创意产业园内　邮政编码：541199）
开本：720 mm × 1 000 mm　1/16
印张：23.25　　字数：360 千
2025 年 5 月第 1 版　　2025 年 5 月第 1 次印刷
定价：98.00 元

『道』可道

在过去十多年中，由于工作之故，我到中国许多省份调查过石窟。2008年夏天，在重庆市大足区石马镇石门山的一个清代院落中，一龛玉皇大帝造像引起了我的注意。它柳眉杏眼，仪表堂堂，威严肃穆；龛口的护法神千里眼、顺风耳张牙舞爪、青筋暴起。在石门山三皇洞中，我又看到了天蓬元帅，它便是家喻户晓的猪八戒的原型。幼时读《西游记》，曾想过被贬下凡尘前的天蓬元帅，该是什么模样？没想到却在这里与他不期而遇。题记显示，石门山是宋朝南渡后的作品，约开凿于绍兴年间（1131—1162）。

《西游记》写的虽是唐僧师徒取经的故事，但给读者印象更深的恐怕却是以玉皇大帝、王母娘娘为主宰的天庭，以及他们麾下天蓬元帅、太白金星、六丁六甲、土地公公等庞杂的道教神祇。石门山给了我一个启示，根源于中国本土的道教，也是要开凿石窟的，虽然这多少有违“道本无形”的古训。

从石门山回来后，我一直在想，道教石窟究竟是个别现象，还是在中国有着广泛分布？是否如佛教石窟一般，有着清晰的分期？从2008年开始，我着手收集道教石窟的资料，每到一个地方做调查，都会仔细询问当地考古队、文管所有无道教石窟。几年下来，却是收获了了。这可能与两点因素有关：一方面，道教石窟存世稀少，大约只有佛教石窟的百分之一，河南洛阳龙门石窟迄今只发现了三个小道龛，在数以千计的龛窟中显得落寞而微不足道，而莫高窟、云冈石窟、麦积山石窟、炳灵寺石窟、响堂山石窟，也极少能发现与道教有关的作品；另一方面，作为石窟研究的分支，道教石窟长期不受重视，许多龛窟连基础的调查、测绘都未完成，更别说建立完整的考古学序列。

不幸的是，石窟遭破坏与消亡的速度却在加快。拿四川省仁寿县来说，20世纪80年代第一次文物普查在县内的坛神岩、渣口岩、白艮罐等地发现了诸多道教石窟，而我在2014年来到渣口岩时，唐代石院寺尼女针捐资的佛道合龛中的释迦牟尼与天尊像已不翼而飞，残留下刺眼的凿痕；白艮罐石刻则在一次修路施工中被砸得四分五裂，埋到地下当路基了。气候变化对石窟的侵蚀同样惊人，2009年我第一次去四川丹棱县龙鹄山时，山中的老君、真人的眉目尚清晰无比，而2015年故地重游时，造像表面早已起翘、风化，龛窟下方堆积着厚厚的红砂——那是从造像身上一点点剥落的时间沙粒。

以各地文管所的文物普查资料为线索，经过十年的田野调查，我收集了第一手资料。2018年，我承担了中国营造学社“川康古建筑调查”遗留资料的研究整理工作，在梁思成、刘敦桢等先生当年的资料中，也发现了一些业已消失的道教石窟，如绵阳西山观、阆中涧溪口，其中绵阳西山观可能是中国最集中的隋代道教石窟群。

中国道教石窟分布在北京、陕西、山西、四川、重庆、浙江、云南、湖南、安徽等省市，以四川省与重庆市数量最多，最为集中，这里古称巴蜀，是天师道的发源地，与道教有着深厚的渊源。一个有趣的现象是，中国道教石窟并非分布在国人熟悉的道教圣地，像青城山、龙虎山、武当山、茅山，而是隐藏在人迹罕至的荒野田畴，比如龙山、南山、石门山、麻空山、凤仪山、龙鹄山、长秋山等——这些不知名山头的道教石窟，为我们了解道教提供了全新视野。

至今能找到的中国最早的道教石窟开凿于南北朝，四川剑阁县沙溪坝与陕西宜君县福地水库曾发现过北魏、西魏石窟，却未能留下考古资料，幸好陕西耀县（今铜川耀州区）碑林保存了诸多南北朝造像碑，作为石窟的“变形”标本，留存下最古老的道教形象。剑阁县是金牛道上的重镇，这条古道连接着长安与成都，金牛道上的绵阳西山观、盐亭龙门垭，则保存了中国少见的隋代石窟群。

道教石窟在唐代走向了鼎盛，在四川丹棱县、剑阁县、蒲江县、仁寿县、安岳县皆有分布，呈现出蓬勃的生命力。此时北方、中原佛教石窟相继衰落，再无大规模开凿。四川则接过中国石窟的接力棒，佛教石窟如雨后春笋一般出现时，道教石窟也随之而兴。唐代是道教在中国的第一个鼎盛期，李氏建国后急于将政权神化，同样姓李的太上老君，被唐朝皇室亲热地唤作“大圣祖”，这个留着浓密胡须、手持蒲扇的老人形象几乎流传在大唐王朝每一寸土地上。

无论是题材还是技艺，宋代都堪称道教石窟的黄金时代。宋真宗、宋徽宗、宋高宗皆信奉道教，宋徽宗更有“道君皇帝”之称，就连金人攻破汴京城时，他还幻想着天兵天将从天而降，保护他与子民。在这样的风气下，玉皇大帝、王母娘娘、东岳大帝、后土三圣母、天蓬元帅、天猷副元帅、翊圣真君、佑圣真君、千里眼、顺风耳等题材蓬勃兴起，道教神系在宋朝得以确立。

宋代之后，道教石窟走向衰落，少见值得一提的佳作，倒是道教神系更为庞杂，蔚为大观。山西龙山石窟由元代全真教道长宋德芳主持开凿，塑造了王重阳、全真七子等祖师像，这也是北方最大的石窟群。明朝是道教在中国历史上最后的辉煌期，从朝廷到民间，从皇帝到百姓，从京师到乡野，道教与这个庞大的帝国紧密相连，北京延庆烧窑峪深山中的石窟，也就最能体察到大明王朝的脉搏了。

清代道教在庙堂失势，而诸如财神、文昌、关公、八仙、土地公公、药王等与百姓信仰息息相关的神祇，却在民间蓬勃兴起，融入百姓的生活乃至精神世界。清代道教石窟以张家界玉皇洞与巴中朝阳洞规模最大，主持开凿的，一个是当地的乡绅，一个是“湖广填四川”而来的移民家族。

根据年代，我将道教石窟分为南北朝、隋、唐、宋、元、明、清七个章节，即“乱世之音”“白衣天子”“众妙之门”“诸神之国”“全真风云”“天子之道”“俗世传奇”，基本厘清了道教石窟从起源、发展、兴盛到衰落的脉络。从南北朝到明清，道教石窟艺术在中国流传了一千多年，那些风格各异、题材多变的石窟造像，勾勒出道教在历代王朝的盛衰，打开了一扇走进道教文化的大门。

在撰写本书时，我找到了一些全新的角度与线索。第一，本书以道教石窟为关注对象，研究道教的书籍可谓汗牛充栋，而道教石窟此前关注者较少，许多石窟尚鲜为人知，在深山老林中一任风雨侵袭；第二，道教在不同的朝代，其境遇也不尽相同，历代王朝也需要创造或者借用不同的神灵神化其统治，比如唐时的老君、宋时的赵玄朗天尊与明代的真武大帝，道教石窟打开了一扇了解道教与政治关系的窗口；第三，古往今来，许多供养人在石窟中留下了自己的名字，乃至生平事迹，他们之中，有道士、尼姑、书生、太监、商贾、乡绅、画师、官吏，我很乐于与他们对话，也希望将他们的故事与读者分享，这是一部属于供养人的道教史；第四，与大多数中国石窟一样，道教石窟大多在“文革”中被毁，生活在附近的居民常常讲起当年的旧事，令人感慨深思。

今天，作为宗教的道教离我们越来越远，而作为文化它却渗透到了我们的生活之中。在重庆市大足石门山，我与玉皇大帝、天蓬元帅、千里眼、顺风耳不期而遇，他们是《西游记》《封神演义》中的人物，这些古典名著几乎是每个中国人的启蒙读本；在四川省仁寿县坛神岩，并列真人龛女真人的微笑，又令人想起了儿时听过的七仙女、柳毅传书的故事；在湖南省张家界玉皇洞，麻空山中的文昌帝君、魁星由乡绅李京开捐资开凿，希望孩子能金榜题名，一举夺魁；在四川省巴中朝阳洞，百姓开凿了财神赵公明，希望能带来财富与好运……这些细节告诉我们，道教文化存在于我们的生活，乃至精神世界中，代代传承，源远流长。鲁迅先生曾说，中国文化的根柢全在道教。今天，当我们走进深山，去寻访那些古老的道教龛窟，便不啻对中国历史与传统的回眸。

当然，道教文化博大精深，在文学、美术、思想、音乐、造像诸多领域都取得了非凡的成就，石窟只是一扇小小的窗口。正如《道德经》所言：“道可道，非常道。名可名，非常名。”可以言说的，只是“道”的皮毛；透过石窟看到的，也始终只是“道”的冰山一角吧。

目　录

南北朝

乱世之音

一天尊二真人二童子

年代	代表石窟	供养人	代表造像
南北朝	陝西銅川藥王山碑林　陝西西安碑林　陝西臨潼博物館 四川成都博物館	魏文朗　姚伯多　錡雙胡　錡麻仁　劉文朗　楊缦黑 張亂國　絳阿魯　辛延智　輔蘭德　李昙信　李元海兄弟 馮神育合邑二百余人	皇老君　太上老君　元始天尊　一天尊二真人二童子

《三国演义》第六十七回“曹操平定汉中地，张辽威震逍遥津”，曹操率大军西征，剿灭了割据汉中的张鲁政权。东汉末年，张道陵在蜀地鹤鸣山创立天师道，俗称“五斗米道”。张道陵羽化后，教主位传至其子张衡，后又传至其孙张鲁。张鲁以五斗米道教化百姓，创立了一个政教合一的政权，割据汉中长达三十年之久。曹操正是看中了张鲁与其天师道的巨大影响，对他极为优待，封为镇南将军、阆中侯。

张鲁投降后，曹操开始有计划地从汉中向长安、洛阳、邺城移民。《三国志·张既传》载：“鲁降，既说太祖拔汉中民数万户以实长安及三辅”；同书《杜袭传》又说：“太祖还，拜袭驸马都尉，留督汉中军事。绥怀开导，百姓自乐出徙洛、邺者，八万余口”。由此看来，汉中百姓曾不止一次北迁，这里是天师道盘根错节之地，伴随着百姓的迁徙，他们的信仰也一路随行，天师道被带到了长安及其周边地区。

北魏时期，长安周围已是玄风盛行、道徒甚众，这或许可以解释，为何迄今发现的北朝造像碑大多集中在陕西西安市附近，也就是昔日的长安。中国迄今发现最早的道教造像碑建于北魏年间，北魏开国皇帝道武帝崇信道法，放下兵器后常捧着道经阅读；太武帝宠信道士寇谦之，他的年号“太平真君”便来自道教——这或许是道教造像碑出现的土壤。

北魏造像碑以魏文朗碑、姚伯多碑、锜双胡碑、锜麻仁碑等最为知名，它们保存在陕西铜川市耀州区药王山上，这里的碑林鲜为人知，却极富传奇色彩。魏文朗碑可能是中国最早的佛道造像碑，但近年来不断有学者对其年代、风格提出疑问。太和二十年（496）的姚伯多碑，堪称道教第一碑，造像质朴，饶有古风，书法家于右任先生对此碑极为推崇，将其与前秦广武将军碑、北周慕容恩碑并称“三绝”。

北魏时期，一种叫“邑”的组织很是流行，一邑有十数人到上百人不等，锜双胡碑便是“邑师”锜双胡带领邑子建造的。陕西临潼博物馆的冯神育碑，历来以供养人数目之多闻名。南北朝时的中国金戈铁马、战火纷飞，道教在此时走进了中国人的精神世界，恍如乱世之中飘来的隐隐仙音。

北魏分裂为东魏与西魏后，东魏为北齐所代，西魏则为北周所替。而长江以南，则经历了宋、齐、梁、陈四个王朝，统称南朝。南朝寺院林立，却在无休止的王朝更迭与岁月沧桑中烟消云散，当时道观中的道像可能也不少，同样未能留存下来。中国究竟有没有南朝道像存世？1995年，成都西安路南朝窖藏中发现一个背屏式小龛，后命名为“一天尊二真人二童子”，这也是迄今发现的唯一南朝道教造像。

1-1 日本大阪市立美术馆藏道教三尊式造像，建造于北魏延昌四年（515）四月五日

1-2 药王山藏张乱国造像碑，碑阳有两条交缠对首的双龙及飞天浮雕

1-3 日本永青文库藏道教三尊式像，传出自陕西，堪称中国南北朝造像的巅峰之作

1-4 日本永青文库藏道教三尊式主尊特写

1-5 成都龙泉驿区天落石石窟，正中为北周文王碑，据碑文记载，其上的佛道二像开凿于北魏年间，但学术界对这块碑的年代众说纷纭

碑上仙境

发现中国最早的道教诸神

陕西西安碑林在国内闻名遐迩，而在铜川市耀州区（旧称耀县）药王山上，还有一个鲜为人知的碑林，以北朝造像碑最负盛名，石碑上有最古老的道教造像，书写着最原始的道教篇章。迄今所见的北朝道教造像碑以北魏最早。一直以来，北魏王朝以崇尚佛教著称，殊不知这个马背上的王朝与道教也有着诸多渊源。相对而言，道教在南朝要平淡得多。1995年，成都西安路一件南朝道龛的出土，揭开了尘封的南朝道教史。

耀县药王山，一个鲜为人知的碑林

1936年夏天，陕西省洪灾泛滥，河水暴涨，西安北边有个叫耀县的小城，地处渭水支流石川河流域，石川河上游漆河、沮河在县城北边交汇，受灾尤其严重。洪水退却后，有农民发现漆河、沮河河滩上留下了十多块古碑，碑上凿有造像，刻有古朴的碑文。漆河、沮河两岸寺院、道观众多，山洪暴发后，寺院、道观中的造像碑就被冲入河中，为泥沙掩埋；若干年后，又在另一场洪水中被冲到河滩，重见天日。著名的姚伯多碑就是1913年在漆河河滩被发现的。

耀县保安大队副队长雷天一闻讯赶到现场，命令士兵用夹窝子（即驮轿）小心翼翼地将古碑运回隍庙巷二号雷宅保存，此后他又驱使士兵在柳林镇河中挖出八九块古碑。

雷天一是耀县西塬稠桑乡小王咀村人，曾在三原旧学堂读书，与于右任、

1-6 西安碑林博物馆藏北魏四面像碑，正面为一房形龛，龛中有一道像，头戴道冠，右手执麈尾

1-7　西安碑林博物馆藏北魏四面像碑，背面圆拱形龛中有一道像，道像上的飞天来自佛教，早期的道教造像中往往夹杂着许多佛教石窟的影子

胡景翼、田润初等人私交甚厚，受其影响爱好金石，嗜古如命。陕西靖国军成立后，胡景翼任靖国军右翼总司令，雷天一弃学入伍，进入靖国军左翼第五支队杨虎城部任职。[1]1925年，雷天一率部回家乡耀县驻防，由于职务之故，游览古寺、古墓，所见古碑不可胜数，遂有了将古碑集中保存的念头，不意不久便被调往他处任职，这事只好放下。1933年，雷天一重回耀县，任保安大队副队长，便留意搜集古碑，加上此次山洪暴发，天赐良机，雷氏手中的古碑已有五十余块之多了。

雷天一早年在与友人聊天之时，曾感慨耀县古碑众多，却因战乱四处遗弃，“他年若天一有力，必使之同聚一堂，亦名碑林，以与省城西安碑林相抗衡”。此次获得古碑后，他在县署旁的西仓空地开辟民众公园，决意创建“耀县碑林”[2]。此举得到不少县绅的支持，有人趁机建议他征集县内左氏、宋氏、安氏的私人藏石，一并藏入碑林，左氏、宋氏、安氏慑于雷天一的权势，只得乖乖就范。

就这样，耀县碑林建成，藏碑六十余块，以北朝造像碑数量最多。消息一经传出，陕西各报纸争相报道，县长为嘉奖雷天一的义举，上书呈请省政府褒奖，不料奖还没颁下来，雷天一已在武装冲突中殒命。当时西安碑林正竭力搜求碑石，1937年5月，西安碑林监修委员会、中央古物保管委员会西安办事处致函陕西省政府，要求将耀县碑石运入西安碑林陈列，并于6月12日派专员前往耀县接收碑石。消息传到耀县，耀县士绅民众百余人联名呈文陕西省政府，坚决反对转运碑石，尽管省政府三令五申，却依旧无果，适逢日军轰炸西安，迁碑之事遂无疾而终。

耀县的石碑最终未运去西安，它们静静陈列在耀县县政府旁的瓦房中，这里光线阴暗，终日铁门紧锁，由于转运风波之故，碑林一直未对外开放。这以后，耀县又发现了诸多古碑，有的存于碑林，有的存于小学，有的存于中学，后统一辗转至药王山，命名为“药王山碑林”。那些造像碑上，雕刻着中国最古老的道教造像，书写着最原始的道教篇章，这片土地似乎蕴藏着无穷无尽的道教传奇。

---

[1] 耀县志编纂委员会编：《耀县志》，中国社会出版社，1997年。

[2] 雷天一收集造像碑经历，见罗宏才著：《陕西民国时期的文物大案（七）》，《文博》，2000年3期。

1-8 西安碑林中的道像造像碑，此碑在碑林角落中，并未命名

1-9 西安碑林中的吕荣孙道士像线刻图

乘云驾龙，迈入缥缈仙境

耀县是神医孙思邈的故乡。孙思邈被道教尊为药王，药王山传说是他隐居之地，游客上山祭拜药王，希冀健康长寿。药王山碑林的故事，游客知晓者寥寥，加之古碑上的造像往往古拙质朴，能耐心看的就更少了。

药王山现存石刻八十三块，其中造像碑七十六块，其余为经幢、石棺、石鼓等。所谓造像碑，即在石碑上开凿神像，并刻写碑文叙述造像由来。造像碑仿造佛教石窟的中心柱，是中心柱窟的变形。公元3世纪以来，伴随着佛教进入中国，造像碑也沿着古老的丝绸之路进入中国，成为石窟寺外传播佛法的又一形式。南北朝时，道教借鉴了造像碑的形式，也将道教神祇雕刻在碑上，在道教石窟稀少的状态下，造像碑也就成为了解早期道教的窗口。

1-10 药王山传说是孙思邈隐居之地，许多人来此上香祈求平安，却很少有人知道碑林里隐藏着中国最早的道教诸神

1937年，耀县县长李书亭离任时企图将魏文朗造像碑盗走，离开县城途中被耀县民众发现并截留。李书亭略通笔墨，他在众多古碑中挑中魏文朗碑，自然认为此碑年代最为久远，价值最高。如今，这块命运多舛的古碑存放在大殿中，成为药王山碑林的镇山之宝。

北魏始光元年（424），北地郡三原县有个叫魏文朗的，与父亲魏游、母亲马堂以及亲族魏楼郎、魏宝子、张阿重等人一起，找来工匠开凿了一块佛道造像碑。石碑下方用大幅空间描绘了魏文朗家族乘坐车马礼佛问道的场景，骑着高头大马的就是魏文朗，随从撑着华盖跟在后面，再后是一辆牛拉的幰车，车后有侍女相随。图像旁斑驳的题记，记载了其家族成员的身份："魏僧猛、张花生、清信魏法华、父魏游、母马堂""魏文姬一心、弟子魏文朗乘马一心、张阿重乘幰车、魏宝子、魏楼郎"。[1]

相比之下，造像碑上方的拱形龛倒显得局促了，龛上阴刻双龙交首图，龙头含草相交，龙尾垂于龛梢。龛内雕佛、道二像，左侧为道教的天尊，右侧为佛教的释迦牟尼。天尊头戴道冠，身着双领下垂式道袍；释迦外披袒右袈裟，内着僧祇支。在周围，环绕着龙、鸟、鹿、虎、骆驼等动物。碑的上部是虚无缥缈的仙境，下部则是现实生活的世界。魏氏家族通过这块石碑，表达了对仙境的向往，他们渴望着乘云驾龙，进入一个由佛、道两教构成的神仙世界。

魏文朗碑上的造像，天尊也好，释迦也罢，都有着修长的身体、窄削的肩膀、清瘦的相貌，一副病弱清瘦的模样，隐有"秀骨清像"之风。北魏太和十年（486），孝文帝改革，这个马背上的部族，脱下窄袖长袍，蹬掉脚上的筒靴，像南朝人一样穿上了褒衣博带式长袍，这种风气也影响到了石窟艺术，促成中国造像的新风尚。从魏文朗碑呈现的"秀骨清像"的风格判断，似乎应为孝文帝迁都洛阳以后的作品。

长期以来，关于魏文朗造像碑的年代，学术界一直争论不休。日本清泉女子大学石松日奈子女士提出始光元年的"光"字模糊不清，认为此碑可能开凿于公元500年左右。[2]始光为北魏太武帝拓跋焘的第一个年号，此时长安附近是大夏国范围，大夏是匈奴部落建立的政权，其首领赫连勃勃于418年占领长安。赫连勃勃425年在长安病逝，北魏遂远征大夏，陆续蚕食了大夏国大片领

---

[1] 罗宏才：《佛、道造像碑源流及其相关问题研究》，南京艺术学院博士论文，2004年。

[2] （日）石松日奈子：《关于陕西省耀县药王山博物馆藏〈魏文朗造像碑〉的年代》，《敦煌研究》，1990年4期。

1-11 魏文朗佛道造像碑，碑的上部是虚无缥缈的仙境，下部则是现实生活的世界

1-12 魏文朗造像碑雕刻的释迦牟尼与天尊像。此龛是北地郡三原县魏文朗与族人捐资所凿。一种说法认为开凿于始光元年（424）

1-13 魏文朗造像碑线描图

1-14 魏文朗造像碑碑阴的思维菩萨像。思维菩萨是南北朝时期常见的题材，此时佛道相互融合、并行不悖

1-15 思维菩萨像局部

1-16 北魏李天宝佛道造像碑，像主为李天宝线刻图，此碑碑阳雕刻佛像三尊，碑阴为道像

地。始光元年，北魏范围还未到长安，北地郡也未设立，似乎没有开凿造像碑的可能。

魏文朗捐资的造像碑，有佛有道，道教的天尊与佛教的释迦亲密无间地坐在一起。药王山的佛道造像碑数量颇多，比如夏侯僧□佛道教造像碑、李天宝佛道教造像碑、李昙信佛道教造像碑等。北魏初年，“太宗践位，遵太祖之业，亦好黄老，又崇佛法。京邑四方，建立图像，仍令沙门敷导民俗”，道武帝与明元帝对道教与佛教采取了比较包容的政策。当时长安地区既处佛教进入中原的必经之路，又因为五斗米道徒的迁徙有着浓厚的道教氛围，佛道在这片土地上相互融合、并行不悖。

姚伯多碑，中国道教第一碑

姚伯多碑1913年在漆河河岸被发现后，即成为金石学家与收藏家的宠儿。1918年3月3日，鲁迅在北京琉璃厂花费八元钱购得拓片若干，其中就包括姚伯多碑。书法家于右任也曾于1920、1926年两次来到耀县，观摩姚伯多碑，将其与前秦广武将军碑、北周慕容恩碑并称“三绝”，并有“慕容文重庾开府，道家像贵姚伯多”的赞誉。

姚伯多碑残高137厘米、宽72厘米、厚30厘米，顶部缺一角。碑面上部镌刻三尊造像，老君头戴道冠，于高台之上结跏趺坐，双手置于腿上；两侧的真人头戴道冠，双手合拢于胸前。姚伯多碑的造像，大大的脑袋下有着瘦弱的身躯，身上看不到衣饰的痕迹，风格质朴而粗犷，显示出浓郁的原始之风。碑面并未凿平便直接刻字：

……于大代太和廿年岁在丙子九月辛酉朔四日甲子，姚伯多、伯龙、定龙、伯养、天宗等，上为帝主、下为七祖眷属，敬造皇老君文石像一躯，营□庄□，□极□匠之奇雕，隐起形图，像若真容，现于今世，倚错尽穷巧之制，修来清颜，有若真对……[1]

太和廿年（496）九月，姚伯多、伯龙、定龙、伯养等人，捐资开凿了这通石碑，这也是中国迄今发现最早的道教造像碑，被誉为“道教第一碑”。碑文中的“皇老君文”，便是太上老君。东汉末年，张道陵在鹤鸣山创立天师道，有感自己人微言轻，遂将道家创始人老子抬出来，尊为太上老君。老子历史上实有其人，他姓李名耳，一称老聃，楚国苦县历乡曲仁里人（今河南省鹿邑县城东），曾做过周朝守藏室史，后见周朝衰微，西出函谷关，留下《道德经》五千言后飘然而去。《道德经》《易经》和《论语》被认为是对中国人影响最深远的三部巨著，而“道可道，非常道。名可名，非常名”“上善若水。水善利万物而不争”“道生一，一生二，二生三，三生万物”等名言，也成为中国人的治世之言。

张道陵此举并非空穴来风，从汉代开始，老子在中国已开始了神化的进程。东汉桓帝慕神仙之道，他在梦中与老子相见，遂派遣使者于延熹八年

[1] 武善树编著：《陕西金石志》，三秦出版社，2016年。

1-17 北魏姚伯多碑是迄今中国发现的最早的道教造像碑，被誉为道教第一碑

1-18 姚伯多碑道教三尊像，正中为皇老君，即太上老君

（165）三祀老子，并于延熹九年亲自到洛阳濯龙阁祭拜，设天子所用华盖，用祭天神的礼乐。东汉年间，长生、超脱成仙几乎成为每个汉朝人的渴望，老子也就一步步被推上了神坛。

碑身四面皆有碑文。姚伯多碑书法笔力雄健，拙朴自然，既带有汉朝的醇厚之气，又蕴含着北魏的雄强之风，历来为书家所重。诚如《北魏姚伯多造像碑》一书所言：

姚伯多造像碑为北朝早期造像，去汉不远，书体中多流露出汉人淳厚之气。结字拙朴自然，不事华美，都以平正、方博取势，字开的大小正斜随意而成，不求划一。笔力雄健，直可捕龙蛇。工整处不失生动，草率者亦神气十足。用笔平直率意，不作明显提按，而能方圆合宜。这比北魏中后期笔法跳跃、开张雄强的书风更显朴实。[1]

佛教与道教，在战乱年代走进国人心灵

魏文朗碑、姚伯多碑是家族捐资供养，锜双胡碑则是乡人结邑出资，这也是南北朝流行的形式。北魏神龟三年（520）四月，富平令王承祖与邑师锜双胡商议开凿一通造像碑。“邑”是北方社会流行的宗教团体，一邑有十几人到百人不等，为首的称邑师、邑主、邑正，成员称邑子，数邑又构成“合邑”。邑本是佛教组织，佛教徒常集邑举办法会，开凿石窟或石碑，这种组织形式也为道教沿用。王承祖与锜双胡的提议，得到众多邑子的拥护，他们纷纷慷慨解囊，开凿了这通造像碑——锜双胡造像碑。

锜双胡造像碑呈“圭”字形，下宽上窄，高127厘米、宽44—63厘米、厚22—27 厘米，碑阳上部开圆形龛，双龙交颈龛额，龛里雕刻一天尊二真人，天尊头戴笼冠，脸型瘦长，浓须及胸，身着圆领道袍，腰间束带，衣褶垂于座前。王承祖与锜双胡的造像列在圆形龛左右，显示出他们在邑中至高无上的地位；下部雕刻着博山炉以及四排供养人，并以楷书标明其身份、姓名：“富平令王承祖、邑师锜双胡”“但官锜众举、侍者锜石珍、侍者锜举”“平望田安周、平望锜神裕、但官锜思山、邑正锜平洛、邑正王买兴”“邑子锜阳主、邑子锜景略、邑子锜神欢、邑子锜景略。”[2]

碑阴同样开凿一天尊二真人，龛下雕有博山炉，象征仙山博山，炉下又有两排供养人——“典坐锜道僖、典箓锜承祖、邑子锜申起、典箓锜欢洛”“邑子锜马仁、香火锜神敬”。供养人的称呼，有“典坐”“典箓”“香火”等，可能是他们在道教组织中的职务或分工，比如“香火锜神敬”可能分管香火一类事务。这些分工不一的职务，成为我们了解南北朝道教组织结构的绝佳史料。

为了衬托出佛祖和天尊的气势，古代的供养人形象往往被故意雕得卑微简略，锜双胡造像碑的供养人形象却是少有的精品：他们身着宽大的长袍，头戴笼冠，颌下有三角形长须，足踏翘头鞋，手持笏板，潇洒自由、清奇飘逸，活脱脱是一位位超凡脱俗的名士。

---

[1] 宗鸣安编：《北魏姚伯多造像碑》，陕西美术出版社，2003年。

[2] 胡文和著：《中国道教石刻艺术史》，高等教育出版社，2004年。

1-19 锜双胡造像碑建于北魏神龟三年（520），碑阳上部开圆形龛，双龙交颈龛额，龛里雕刻一天尊二真人；下部雕刻着博山炉以及两排供养人线刻像，并在一旁以楷书标明其身份、姓名

1-20 锜双胡造像碑线描图

1-21 锜双胡造像碑之典籤锜承祖像

1-22 锜双胡造像碑之邑子锜马仁像

1-23 锜双胡造像碑之典箓锜欢洛像

1-24 锜双胡造像碑之香火锜神敬像

北魏年间的富平县隶属北地郡，富平县锜姓众多。北魏正光二年（521），锜麻仁也与父锜元白、母朱女炽，以及李长命、锜广等一起，开凿了一通造像碑，碑文这样写道：

……是以大代正□□年九月廿日，北地郡……里锜麻仁合家大小一百廿九人，竭家所珍，减割身财，造石像一区，上为皇帝陛下，历劫先师……[1]

有意思的是，富平令王承祖也出现在了供养人中。为何锜姓的造像碑，王承祖都出现在显眼的位置？不知道他是位虔诚的道教徒，还是锜姓家族为装点门面邀请这位地方长官出席？

结邑造像在南北朝颇为常见，有的大邑成员有数百人之多，陕西临潼博物馆藏的冯神育造像碑便以供养人数目庞大闻名。此碑清末发现于临潼栎阳镇，是以冯神育为主的同邑200余人于北魏正始二年（505）所造，他们的称呼有邑正、邑老、邑师、邑子、道民、道士、箓生、典箓、门师等，也把自己的形象留在了造像碑上，亲密无间。在临潼博物馆里静静观察这些供养人，他们或年迈，或壮实，却都带着满足的微笑。南北朝时期，中国北方战火连连，佛教与道教恰好在那个战乱的年代走进了中国人的心灵，也让饱受战火的人们得到了心灵上的慰藉。

道教的星星之火，撒在中国北方的土地上

药王山碑林的魏文朗碑、姚伯多碑、锜双胡碑、锜麻仁碑皆开凿于北魏年间。北魏是鲜卑拓跋部建立的政权，拓跋部本生活在今嫩江流域大兴安岭附近，以游牧为生。淝水之战后，前秦在北方的统治土崩瓦解。公元386年，鲜卑首领拓跋珪在今内蒙古锡拉木林河召开部落大会，不久迁都盛乐，同年四月改国号为魏，史称“北魏”或“拓跋魏”，这也是南北朝北方第一个王朝。北魏立国之后，相继攻破后燕、夏、北燕、北凉，铁骑几乎踏遍了中国北方。

北魏虽是马背上的部族，却与佛教渊源颇深，著名的云冈石窟、龙门石窟都始凿于北魏时期，敦煌莫高窟、麦积山石窟、炳灵寺石窟、庆阳北石窟寺中也有着为数众多的北魏石窟。相比之下，北魏与道教的关系世人知之甚少，北

[1] 陕西省考古研究所等：《北魏佛道造像碑精选》，天津古籍出版社，1996年。

魏开国皇帝道武帝拓跋珪虽提倡佛道并行，却对道教偏好有加，《魏书·释老志》记载：

太祖好老子之言，诵咏不倦。天兴中，仪曹郎董谧因献《服食仙经》数十篇。于是置仙人博士，立仙坊，煮炼百药，封西山以供其薪蒸。令死罪者试服之，非其本心，多死无验。[1]

道武帝戎马一生，放下兵器之后，在军帐中常捧着道书阅读，他还令人炼制仙丹，令死囚试吃，即使死囚纷纷毙命也没有打消他服食丹药的念头。明元帝拓跋嗣也好道，渴望长生不老，最终因服食丹药病逝。

太武帝拓跋焘更是狂热的道教信徒，他宠信道士寇谦之。寇谦之上谷昌平（今属北京）人，汉建安年间迁居冯翊万年一带（今陕西临潼北）。由于家世之故，寇谦之少时爱慕仙道，遇到仙人成公兴，入嵩山修道七年，自称太上老君亲授他天师之位。

寇谦之并不满足于在山中苦修，他披着“天师”的光环来到平城（今山西大同），觐见太武帝，在时任左光禄大夫崔浩的斡旋下，太武帝对道教产生了浓厚兴趣，派遣侍者带着玉帛牲牢祭祀嵩山，拜寇谦之为天师，将他的一众弟子接到平城，从此北魏道教大兴。[2]太武帝在京城东南设立天师道场，供寇谦之与弟子修行之用，并亲自参加法会。寇谦之言太武帝为太平真君转世，太武帝遂于公元440年改元“太平真君”，这也是中国历史上第一个受道教影响产生的年号。

太平真君六年（445），卢水胡盖吴在杏城（今陕西黄陵）起兵反魏，太武帝御驾亲征，并于次年二月攻入长安，在佛寺中发现大批兵器，怀疑僧人与盖吴合谋造反，最终下达了灭佛的诏书。长期以来，对于太武帝灭佛，学术界普遍认为寇谦之有推波助澜之嫌，但不管他推动与否，太武帝因崇信道教，对佛教日渐疏远却是不争的事实。

太武帝之后，北魏君主大多崇信佛教，崔浩也因与鲜卑贵族发生冲突被杀，道教在北魏日渐式微。崔浩死后，崔氏门人即遭清算，与他有关系的道士

[1]（北齐）魏收撰：《魏书》，中华书局，1974年。

[2]卿希泰主编：《中国道教史》，四川人民出版社，1996年。

或隐居于山林，或流亡于江湖，将道教的火种撒在了北方广袤的土地上，直至西魏、北周依旧不衰。药王山碑林中也藏有诸多西魏、北周造像碑，比如西魏大统十四年（548）的辛延智佛道教造像碑、北周武成元年（559）的绛阿鲁佛道教造像碑、北周保定元年（561）的辅兰德道教造像碑。

西魏承北魏之余绪，造像风格并未有太大变化，北周造像则呈现出粗犷、豪放与质朴的特点，一如来自草原的宇文家族剽悍的气质。北周造像碑，以美国纽约大都会艺术博物馆弗里尔美术馆藏的李元海兄弟造元始天尊像碑最为精美，此碑建于北周建德元年（572），是时任平东将军的李元海与其兄弟们捐资的。碑呈梯形，高151.7厘米，四面皆有造像，发现于山西芮城县。碑面上部开龛，龛梢装饰华丽的帷幕，龛中雕元始天尊，坐于凭几之中，左手扶凭几，右手持麈尾，左右各站立四名侍者；碑阴也有一龛，龛中雕太上老君，老君两侧各有一手持笏板的真人，以及两位胡跪的侍者。李元海兄弟造元始天尊像碑体量巨大，雕刻精美，是北周造像碑中的体量最大者，李氏一门在北周显赫无比，李元海的几个弟弟也担任着洛州主簿都督、荡寇将军等要职，自然有实力延请最好的工匠。

西安路窖藏，发现中国唯一的南朝道像

北魏后分裂为东魏与西魏，东魏为北齐所代，西魏则被北周所替。而长江以南，则经历了宋、齐、梁、陈四个王朝，统称南朝。“南朝四百八十寺，多少楼台烟雨中”，这首诗描绘了一个莺歌燕舞、桃红柳绿、庙宇楼阁氤氲在朦胧烟雨之中的江南，也道出了一个佛教空前兴盛、寺院林立的江南。

南朝寺院林立、佛像众多，当时道观中的道像可能也不少，可惜同样也未能留存下来。1995年5月，成都西安路发现一个石刻窖藏，里面出土了十件造像，其中五件刻有铭文，即齐永明八年（490）释法海造弥勒成佛像，梁天监三年（504）释法海造无量寿佛、梁中大通二年（530）晃藏造释迦像、梁大同十一年（545）张元造释迦多宝像、梁太清五年（551）柱僧逸造阿育王像。[1]

窖藏还出土了一个背屏式小龛，高约60厘米，主尊头顶挽髻，戴莲花冠，身着褒衣博带式袍服，宽袍广袖，双领下垂，胸前有兽足凭几，左手持麈尾

[1] 四川博物院、成都文物考古研究所、四川大学博物馆编著：《四川出土南朝佛教造像》，中华书局，2013年。

1-25 天尊像碑（碑阳），美国纽约大都会博物馆藏李元海兄弟造元始

1-26 李元海造像碑碑阳元始天尊龛局部

1-27 李元海兄弟造元始天尊像碑（碑阴）

1-28 李元海造像碑碑阴太上老君龛局部

柄，右手轻握麈尾，坐在长方形台座上，衣服上尚留红色彩绘，可见金箔痕迹。台座四角分别雕有真人与童子，真人头顶挽髻，身着交领宽袖长袍，双手持笏于腹前；童子头上挽有双髻，右手捧一黑色罐于胸前，左手置罐上——这是首次发现的南朝道教造像。

梁武帝早年崇信道教，《隋书》记载："然武帝弱年好事，先受道法，及即位，犹自上章。朝士受道者众，三吴及边海之际，信之逾甚。"天监三年（504）后，梁武帝却舍道事佛，成了历史上著名的佞佛皇帝。梁武帝虽投身佛教怀抱，对道教却并不排斥，当名道陶弘景炼丹苦无丹药之时，他还体贴地派人送去黄金、朱砂、曾青、雄黄。梁武帝之后的几代皇帝，如简文帝、梁元帝，对道教的态度也是不温不火，简文帝萧纲曾写过《老子私记》，梁元帝萧绎还曾在龙光殿中宣讲《老子》。不过，相比佛教，南朝道教的历史终究要平淡得多。

南朝名道陶弘景，或许是平静的水面上少有的波澜。陶弘景生于刘宋孝建三年（456），早年也曾在朝廷任职，却仅担任侍读一类的小官，索性到句容山中修道，名气倒大了起来，成了朝野尊崇的著名道士，时有"山中宰相"美誉，南朝名流江淹、沈约、萧子云、任昉、范云都拜在他门下，王公贵族想入其门下而不得者竟有数百人之多。

陶弘景生活的南朝，道教神灵包罗万象，天神、地祇、人鬼、仙真鱼龙混杂，相互之间又不统属，杂乱无章，不利于道教传播。陶弘景目睹此情形，编纂《真灵位业图》，梳理纷繁的神系，将当时流传的道教诸神分七个神阶，每个神阶有一主神，分别为玉清元始天尊、玉晨玄皇大道君、太极金阙帝君、太清太上老君、九宫尚书张奉、右禁郎定录真君中茅君、酆都北阴大帝。主神之外又分设左位、右位若干席位，安排诸神。《真灵位业图》奉元始天尊为最高神灵，太上老君则降到了第四级，这位昔日的道教教主，从此失去了道教第一尊神的交椅。

在无止境的王朝更迭与岁月流逝中，南北朝最终成为历史。南北朝佛教遗迹在中国存世颇多，敦煌莫高窟、云冈石窟、天龙山石窟、炳灵寺石窟、麦积山石窟、南京栖霞山都留存着为数众多的造像与壁画。相比之下，南北朝道教造像资料发现较少，而陕西药王山碑林与四川成都西安路窖藏，一北一南，令南北朝道教史逐渐鲜活起来，也填补了道教造像的空白——那个金戈铁马的时代，曾被认为梵音缭绕，现在看来，它也道风隐隐。

1-29 一天尊二真人二童子像，中国迄今发现的唯一一尊南朝道教造像，成都西安路窖藏出土

1-30 一天尊二真人二童子像线描图

南北朝道教石窟哪去了？

南北朝道教造像以造像碑为主，此时究竟有没有道教石窟？答案是肯定的，中国曾发现过南北朝道教石窟，但总有点时运不济，还未来得及仔细研究便或残损或消失了。

陕西省宜君县五里镇福地村福地水库中心小岛上有龛石窟，即著名的福地石窟，也称牛家庄石窟。石窟不大，高150厘米、宽178厘米、进深130厘米。[1]正壁雕刻一坐佛与二菩萨，左侧刻发愿文，“大代大统元年岁次乙卯七月九日”题记隐约可见。正壁右侧雕刻一屋宇，屋中男女并坐，男子旁边有“王洛生坐”四字。屋宇下方雕刻骑行图，王洛生头戴笼冠，身着宽袖长服，手握缰绳，骑在高头大马上，旁有题榜一列：像主抚军将军石保令王洛生乘马时。对面有一头梳高髻、身着长裙的女子，双手似捧着碗，地上置一罐子，其上刻“妻贺兰”。[2]

左壁已损毁，右壁为道教题材，太上老君老者装扮，头戴束发冠，面容方正，胡须浓密，内着对襟短衣，外着道袍，右手持羽扇置于腹前。老

---

[1] 靳之林编著：《延安石窟艺术》，人民美术出版社，1982年。

[2] 李凇：《一位县令解决文化冲突的一个探索性方案》，《新美术》，2002年1期。

君身边有两位真人，身着宽袖长袍，双手持笏板于胸前，站立在仰莲莲座上。龛窟上方雕刻七位仙人，手持琵琶、箜篌、筝、鼓、笛子等乐器。龛窟左右雕有供养人，左侧可见“化主孟真莲”“邑主”“香火”“典录”等字迹。右侧两男一女，题榜清晰可见：道士吕清黑、道民功曹孟永兴、妻白颜容。

前壁残损，供养人题记隐约可见：功曹孟永兴、主簿雷元知、西曹掾白万年、金曹掾盖天合、知曹掾似先道录、兵曹掾炤龙祖等。由此看来，福地石窟是时任抚军将军、石保令的王洛生夫妇联合县里的功曹、主簿、录事、西曹掾、户曹掾、金曹掾、知曹掾、兵曹掾等官吏开凿的，一些道教徒亦加入其中。

20世纪80年代，福地石窟太上老君的头颅被人盗割，不知所终。更有甚者，由于地处荒野保护不易，宜君县文物管理部门直接将石窟砸下，运回了县城。

2007年冬天，四川省广元剑阁县清江河畔沙溪坝，挖掘机挖出一个大石包。根据剑阁县文管所副所长王朝晖的描述，此石包上石窟分为上下两层，约有10龛，造像着道袍，戴道冠，两侧有真人、童子，下方雕有博山炉与蹲狮。遗憾的是，为了赶工期，不等剑阁县文管所完成清理、测绘，刚刚重见天日的北魏石窟又再次被掩埋在地下。也正是因为南北朝道教石窟资料太少，了解道教造像，也只有通过造像碑了。

左 / 西安碑林博物馆北魏四面像碑正面

右 / 北魏四面像碑背面

上 / 杨缦黑造像碑开凿于北魏景明元年（500），雕刻两尊道像与侍者，造像采用细密的线条，带有明显的北魏特征

下 / 张乱国道教造像碑的车马图，此碑碑身下方以大片的篇幅雕刻世俗生活场景

上 / 药王山

下 / 药王山碑林是陕西一鲜为人知的碑林，碑林以南北朝造像碑最为丰富

隋

白衣天子

元始天尊

年代	代表石窟	供养人	代表造像
隋	四川閬中石室觀　澗溪口　四川綿陽西山觀　龍門埡 聖水寺　四川巴中水寧寺　重慶潼南大佛寺	三洞弟子趙法會　道士黃法暾　侯董子　羅浩　侯⿰目黃 侯文稱　王鞮　元祥　國滿　文托生母	天尊說法圖　老君說法圖　元始天尊　太上老君

隋朝结束了魏晋南北朝长期的分裂格局，迈入大一统，隋朝国祚虽短，其政治、经济制度却为唐朝沿用，为唐朝的繁荣奠定了基础。隋文帝杨坚出生在尼姑庵中，由尼姑智仙抚养，十三岁才离开。正是这份独特的感情，使得杨坚对佛教格外崇信，他在开皇十一年（591）召相州大慈寺灵裕法师到京师的诏书中，就表示“朕遵崇三宝，归向情深，恒愿阐扬大乘，护持正法”。对于道教，隋文帝一开始似乎并不感兴趣。

杨坚对符箓图谶颇为信奉，渐渐与道教也没有之前那么生疏。他的开国年号“开皇”即取自道教，“开皇”本是道教一劫之始，文帝取此为年号，暗示着自己开创的隋朝进入了历史新纪元，他也如元始天尊一般普度众生。开皇初年，太原流传着“白衣天子出东海”的童谣，杨坚听说后，不远千里穿着一身白衣亲自到东海，并授意史官记录下此事。四川阆中石室观、涧溪口石窟均开凿于隋开皇年间，后者今已不存。

隋代元始天尊信仰流行，被尊为道教第一尊神，四川省绵阳西山观中的隋代龛窟，窟中主尊均为元始天尊，便是这种信仰的反映。南北朝时期道教信奉太上老君，为何隋代的元始天尊信仰反而兴起？究其原因，恐怕还是老子历史上实有其人，神秘度不够的缘故。元始天尊地位虽高，他的来历却不清不楚，可能是道教徒受了上古神话人物盘古的影响创造出来的，太上道君更甚，甚至有凑数之嫌，他们与太上老君并称“三清”。

隋炀帝杨广也颇信道教，史书记载他曾在宫中设惠日、法元二道场，通真、玉真二玄坛，并仿照仙山琼阁建造“西苑”神仙之境，就连巡游下江都之时，船队中都有道士、女冠随行。《资治通鉴》载，隋炀帝还幻想长生不老，令道士潘诞为他炼丹。四川省绵阳西山观、盐亭龙门垭，重庆市潼南大佛寺的道教龛窟均开凿于隋大业年间，可以管窥道教在隋炀帝时的兴盛。

隋代末年，群雄割据，风起云涌，学者岑仲勉在《隋唐史》一书中统计了128个割据势力，实力较强者就有46个，民间流传着“李氏当王”“老子度世”的谶言，他们中的李姓纷纷以“名应图谶”称王，比如李密、李轨、李渊等。《旧唐书·五行志》载，隋末民间还有“桃李子，洪水绕杨山”的民谣，后李密起事占据洛口仓以应其谶。隋末势力强盛的王世充集团也有谶言，有个叫恒法嗣的道士进献一幅画给王世充，画中有一男子驱赶羊群，恒法嗣说，羊便是隋朝，男子在羊后，寓意要取代隋朝为帝。这些谶言时刻折磨着隋炀帝脆弱的神经，隋炀帝恨不得杀尽天下姓李之人，却依旧无法避免隋朝走向灭亡的命运。

隋末民间图谶的制造者大多是道士，他们敏锐地观察到隋朝有亡国迹象，审时度势，摇旗呐喊，也为日后寻找新的靠山，以期在新王朝建立后占得先机。《隋书》《旧唐书》记载，王世充、李密、李渊军中都有道士，他们有的出谋划策、谋定江山，有的干脆脱下道袍、换上官服。隋文帝于佛教有着特别的感情，对于道教更多出于利用、笼络人心，这或许也是道士在隋末改朝换代时如此积极的原因吧。

阆中石室观的开皇十五年

南北朝年间，秦州高道隗静来到阆中县云台山修行，并在蟠龙山中营建石室。时至隋代，这处石室已成县中胜迹，开皇十五年（595），下元节，侯文称、侯旷等人在此营造天尊像。侯文称后因病辞世，贞观十年（636），他的儿子侯竹亮最终完成了他的心愿。在长达三百余年的时间中，侯氏家族与道教渊源颇深，自隋至唐，不仅在岩壁上留下了道教石窟，也镌刻下一部家族史。

蟠龙山，开皇十五年下元节

隋开皇十五年（595）十月十五日，隆州阆内县（开皇元年阆中更名阆内县，唐武德元年恢复原名，属今四川阆中市），侯文称从家中离身，走向蟠龙山中的石室观。侯文称素来崇信道教，不久前，他与几位道友捐资在石室观开凿了一龛造像，今日完工。适逢下元节，民间传说这天为水官（道教三官为天官、地官、水官）解厄之日，宫观往往举办法事，为生者解厄，也为亡者超度。侯文称等人选在这个日子完工，自然也有祈福之意，他唤来工匠加上了这则题记：

大隋开皇十五年十月十五日，三洞弟子赵法会，道民侯董子、罗浩、侯旷、侯文称等五人同共发心，各抽身口之分，并舍临用之财，凿此岩石，敬造天尊形□并及左真右真仙男仙女，一心供养，以□德愿亡者□天□苦，生者永

2-1 阆中石室观3号龛为隋开皇十五年（595）
十月十五日，侯文称等人捐资开凿

2-2 阆中石室观地处颉家山山腰岩厦中，当地人称“风谷洞”

保天年，富贵无极，六道四生，并同此福。殿中侍御史沈涛。[1]

南北朝年间，秦州天水道人隗静遍游名山，寻找栖隐之所，听闻阆中云台山峰高千仞，重岭峻峭，不远千里来到阆中，当地道民为之修建精舍道馆。隗静爱好清净，又在蟠龙山中营建石室作为修行之所。南齐建元元年（479），隗静前往建康崇虚馆受法，这处道馆是宋明帝为高道陆修静所建，也是南朝最著名的道馆之一。[2]

---

[1] 西华师范大学历史文化学院、阆中市文物管理局编：《四川阆中石室观摩崖题刻调查报告》，《四川文物》，2016年2期。

[2] 孙齐著：《南齐〈隗先生铭〉与南朝道馆的兴起》，《魏晋南北朝隋唐史资料》第三十一辑，上海古籍出版社，2015年。

2-3 石室观造像分布在岩厦的左、中、右三面，呈带状分布

不久，应巴郡太守谯灵超邀请，隗静返回阆中石室，传道授业。此时他声望日盛，有弟子一千余人，在阆中县也不乏追随者。石室观崖壁上的《隗先生铭》，残存600余字，记载了这段历史，文末列出姓名，可见“都讲候未隆”“道士任道念”“道士韩真宝”“道士何扶兴”，以及众多信众。另一位高道玄圃法师刘庆善也曾在石室观修道，开皇十六年（596）在泸州安乐山羽化成仙，《舆地纪胜》称为“隋时仙者”。由此看来，从南北朝到隋代，石室观道教氛围颇为浓郁。

石室观地处阆中市以北5千米保宁镇盘龙村颉家山，山中丛林密布，山腰有一处岩厦，当地人称“风谷洞”，洞中开凿诸多石窟与题记。时过境迁，当年的宫观道馆早就不存了，破损的造像与斑驳的题记，却留下了一千多年前的故事。相对于木建筑的宫观道馆，石窟因其坚固的质地，更容易保存下古老的历史信息，我们正是通过题记，获知了隗静与侯文称的故事。

2-4 石室观现存13个龛窟，题记18方，是研究隋代道教石窟的珍贵资料

侯文称等人捐资的龛窟，现编号K3，这是个双重龛，外龛方形，内龛圆拱形，龛中造像七身。天尊头部残损，身披道袍，于须弥座上结跏趺坐，衣褶垂于座前，左真、右真分列左右，龛口站立着仙男仙女。大约清代末年，乡民对龛窟进行了一次妆彩，时至今日龛窟造像依旧浓妆艳抹。

就在侯文称等开龛完工一年前的下元节，王韆已在石室观捐资了一龛造像，现编号K2，位于K3右侧，布局类似，只是规模略大。如今天尊头部亦损，身着V领道袍，腰间束带，身旁立四位真人，内侧真人着长衫，持麈尾，外侧真人双手于胸前持笏。题记显示，这龛造像完工于开皇十四年（594），由王韆为亡父贵德等造。

大隋开皇十四年太岁次甲寅十月十五日，弟子王韆□为亡父贵德（？）及兄□□智罗荡等造。□□者□□□□□□□者长命富贵……[1]

[1] 西华师范大学历史文化学院、阆中市文物管理局编：《四川阆中石室观摩崖题刻调查报告》，《四川文物》，2016年2期。

石室观这两龛造像，皆完工于隋开皇年间。开皇是隋文帝杨坚的年号（581—600），很少有人知道，这个年号本出自道教。《隋书·经籍志》载，元始天尊开劫度人，“然其开劫，非一度矣，故有延康、赤明、龙汉、开皇，是其年号”[1]。《云笈七签》亦载：“及开皇劫，以此妙经，生天立地，大圣应于始青之中，号元始天尊。”“开皇”本是元始天尊一劫之始，杨坚借为年号，无疑昭示着自己开创的隋朝结束了南北朝的分裂与战争，进入历史新纪元，而他也像元始天尊一样，充当了众生的拯救者。

侯氏家族，开龛造像三百年

当年，侯文称除了开窟，似乎还有其他计划，可惜未能完工即已亡故。大唐贞观十年（636）七月廿九日，他的儿子侯竹亮找来工匠，完成了他的心愿。“称造此邑，未就，患身故。称儿竹亮，今为父凿石南方岩石，就邑讫，

[1] （唐）魏征：《隋书》，中华书局，1973年。

2-5 石室观2号、3号龛，开凿于隋开皇年间

2-6 唐神龙二年（706）正月十五日，上元节，侯氏后人侯永仁、侯行敦、侯君定等造灵宝等经，藏于石室观中，并在崖壁刻碑为记，这便是《石室神仙窟明真社碑》

2-7 广明元年何氏兄弟妆修碑，从碑文看，当时仍有不少侯氏后人参与其中

勒石表示。”石室已成，而斯人远去，令人扼腕。

题记显示，侯氏先祖名方熊，燕京上谷人，曾任渠州司马，辗转来到阆中定居。侯文称也担任过盘龙郡丞一职，这是太守佐官，协助郡守处理州中事务。入隋后，侯文称有无职务，似不可考，但依旧与一些朝廷官员有往来，当年开龛撰文者，就有殿中侍御史沈涛。隋朝将殿中侍御史改名殿内侍御史，但题记不知何故，依旧称殿中侍御史。

盛唐年间，侯氏枝繁叶茂，人丁兴旺，依旧与道教有着莫名的缘分。唐神龙二年（706）正月十五日，上元节，侯氏后人侯永仁、侯行敦、侯君定等

2-8 石室观2号龛为开皇十四年（594）王鞮为亡父贵德等造

2-9 石室观7号龛一天尊二真人，龛口有二供养人

2-10 洞溪口摩崖造像全景，此地位于苍溪、阆中交界处，共有8龛，今已不存（中国营造学社资料照片）

人，联合十三户人家，造灵宝等经，藏于石室观中，并在崖壁刻碑为记，这便是《石室神仙窟明真社碑》。石室观现存碑刻中，这块唐碑最为豪华，双螭交尾碑首，覆莲碑座，碑身七百余字，记载了藏经活动始末：

……自尔以来，父祖开拓此室，更加修理基阶造像，又立双碑，迄至于今，蝉联后福。今有明真社老侯永仁，忝为后胤。晓知三界，□化难停，□了三常，朝霜易灭，故能厉己。率他将诸识信，仙台观主何至真，社长侯行敦，录事侯君定，洞神弟子黄法忻，洞神弟子侯德本，奉国府校尉罗建厚，弟子何孝敬，弟子张公愭，弟子侯文辉，弟子侯公护，弟子王君辽，弟子王普之，弟子鲜于惠南等一十三人，心存碧树，常慕正真，各知财属五家，先用者得。故割舍临用，抽拔净财，上为皇帝陛下，下及一切仓（苍）生，敬造灵宝尊经卅卷，通？前十斋社经一百卷藏此室，置墓石心。将示后贤，流传千载。[1]

从题记来看，明真社社老、社长、录事均为侯氏。碑文末尾列出的名字，尚有侯子观、侯梁皎、侯玄应、侯细枝、侯玄纪、侯玄绩、侯隆生、侯善寿、侯零震等人，可见这是一个由侯氏主导，张氏、黄氏、王氏、鲜于氏等共同参与的社邑。唐代蜀地社邑流行，但多以联合造像为主，像侯氏这样以家族为单位的社邑颇为少见。

得益于侯氏的经营，石室观香火不断，侯氏子弟的心愿，化为一龛龛造像，天尊老君；一卷卷道经，青灯黄卷。除了参加社邑活动，他们中的许多人，还单独开龛祈福。《石室神仙窟明真社碑》中的侯善寿，十三年后又捐资，开凿了一天尊二真人，此时他父母双亡，形单影只：

弟子侯善寿，三月廿四日发心于石室观　敬造，龛天尊一座及左右真人，□为亡灵父母及见在□□同供养。开元七年岁在已未，勒石表示。[2]

涧溪口，消失的隋代石窟

隗静在阆中时往来于蟠龙山与云台山之间。东汉末年，张道陵在蜀中创立二十四治，即二十四个传教点，凡入会者需交米五斗，俗称“五斗米道”，是为道教前身。名列二十四治第十七治、下八治之首的云台治，就在阆中与苍溪交界的云台山中。

在道教历史上，云台山还有着神圣意义。《云笈七签》载，“云台山治，在巴西郡阆州苍溪县东二十里，上山十八里方得，山足去成都一千三百七十里。张天师将弟子三百七十人住治上教化，二年白日升天。其后一年，天师夫人复升天。后三十年，赵升、王长复得白日升天。”[3]道教祖师张道陵领着三百七十名弟子在山中修行，第二年升天，第三年天师夫人亦羽化成仙；三十年后，弟子赵升、王长也在此山白日升天。可以想象，祖师的传奇，升天的愿

---

[1] 西华师范大学历史文化学院、阆中市文物管理局：《四川阆中石室观摩崖题刻调查报告》，《四川文物》，2016年2期。

[2] 同上。

[3] （宋）张君房编，李永晟点校：《云笈七签》，中华书局，2003年。

2-11 洞溪口北侧石窟，共三龛，照片中左侧龛窟主尊戴冠，坐于凭几之中，真人手持笏板，应为道教造像。梁思成记载，造像旁有“开皇十四年”题记（中国营造学社资料照片）

望，吸引着许多像隗静一样的高道来到云台山，或修行，或传道，阆中信众亦趋之若鹜，营建道馆，镌造石窟。

1939年，内迁昆明的营造学社深入四川开展古建筑调查。12月14日，梁思成、刘敦桢、莫宗江、陈明达一行四人乘船离开苍溪，前往阆中，途经曾家岩，抵达一个叫洞溪口的地方，苍溪水在此处汇入嘉陵江。刘敦桢先生偶然瞥见岩壁有几龛石窟，忙令船家泊舟，上岸考察。

洞溪口共有八龛造像，以千佛龛规模最大。窟中整齐排列千佛，数目八百余尊，中有一龛，正壁浮雕菩提树，弥勒佛身着通肩袈裟，善跏趺坐，足踏莲台。莲台下有一宝瓶，瓶口生出茂盛的莲茎、卷草，支撑弟子、菩萨脚下的莲台。

千佛龛北侧，三龛石窟并排而列，其中一龛，主尊头戴高冠，面部漫漶，趺坐于凭几中，衣褶垂于座前，两侧真人头部已损，身披道袍，双手于胸前持笏板，站立在仰莲莲台上——凭几、笏板，这是道教造像的典型特征。梁思成先生记载：“再北三龛，旁题开皇十四年铭文三行，佛像作风，视南侧诸刻略早。”梁思成先生虽将石窟认为是佛像，却在崖壁发现“开皇十四年”题记，比石室观K2还早一年，弥足珍贵。

隋朝佛教兴盛，在洛阳龙门石窟、敦煌莫高窟，王室贵族、豪强富民依旧捐资开凿石窟。现在看来，在帝国西南边陲的深山密林中，道教石窟也是方兴未艾，迄今在绵阳西山观、盐亭龙门垭等地已有发现。相比之下，阆中涧溪口、石室观道教石窟年代更早，且题记丰富，是了解中国隋代造像不可或缺的材料。

遗憾的是，20世纪70年代，有石厂在涧溪口附近开山取石，卖给丝绸厂修筑码头，每根石条上交村里一角钱，村里起初也有人反对，但最终没有能经受这一毛钱的诱惑。那些天尊、真人，就这样被砌成条石，身首异处，被埋在地下永无天日，一起被毁的，还有其他七龛造像。

2-12　隋代道教造像大多面部漫漶，美国波士顿藏苏遵造先君石像，堪称隋代造像的精品

拼接西山观

中国最大的隋代道教石窟群

四川省绵阳市西山观现存石窟31龛，是中国少见的隋代道教石窟。1939年11月，营造学社梁思成、刘敦桢先生一行四人来到西山观，拍下了31张照片，在这些照片中，我发现其中3个石包如今已经不存，因此尝试复原这处石窟的本来面目——这里曾经是中国最大的道教石窟群，诸如“大业六年”“大业十年”等题记，将时间指针准确定格在隋代。在绵阳盐亭县，新发现的龙门垭石窟，也开凿于隋大业年间。“大业”是隋炀帝杨广的年号，这位末代皇帝下江都时也带着道士、女冠随行，并曾役使民力在嵩山炼制丹药。

元始天尊，来历神秘的道教尊神

民国三年（1914），一支由法国人色伽兰率领的探险队从京师启程，踏上了为期八个月的中国西部考察之旅。色伽兰生于法国西部布列塔尼地区的海滨小城布雷斯特，是欧洲著名的汉学家。1909年，他第一次来到中国，在京师的旧书店里买到一本线装《道德经》，带着这本富有中国文化内涵的神秘读本，穿行在中国的古城、园林、村落、陵墓中。

初夏，色伽兰沿金牛道来到绵阳，这个宁静的小城曾是蜀道要塞，留存了平杨府君阙、蒋琬墓等历代遗迹。色伽兰走到城西的西山观，当时道观倾颓，道士早已不知所终，他在后院岩壁上找到几十龛石窟。此前，色伽兰曾在洛阳龙门石窟停留，他认为眼前的西山观同样是佛教石窟，但体范奇异，前所未见。当时，没人能回答他的问题，色伽兰带着满腹疑问离开了中国。他或许不会想到，答案就隐藏在那本《道德经》中，那些令他不解的造像，其实就有《道德经》的作者老子——他摇身一变，成了道教尊神太上老君。

1923年，色伽兰的《中国西部考古记》在法国出版，欧洲人为书中的古城、皇陵、大佛震惊，很少有人注意那些来自西山观的无名小龛，更没想到它

2-13 西山观石窟开凿在今西山公园玉女泉旁的石包上

们与道教有关。时间来到20世纪80年代，四川省社科院石刻调查组来到西山观，发现岩壁上的石窟大多是道教造像，年代在隋末唐初。这个发现引发了诸多关注，此前陕西耀县药王山、西安碑林中藏有几通隋代道教造像碑，隋代道教石窟却从未发现过。

大约一个世纪后，我循着色伽兰的足迹来到西山观，当年的道观如今已改为西山公园，石窟在园中玉女泉旁的石包上，山泉终日不停，汩汩流入池中。泉水清冽可口，尤适合冲泡茉莉花茶，许多老年人一大早就来公园，叫上一杯沁香的花茶，坐在回廊里摆龙门阵。他们一扭头，便能看到石包上的元始天尊。

天尊，是道教神阶最高的神仙，道教有元始天尊、灵宝天尊、道德天尊、长生保命天尊、太乙救苦天尊等，以元始天尊的地位最为尊贵。《封神演义》第七十七回《老子一气化三清》，截教通天教主摆下诛仙阵，杀气腾腾，阴云惨惨，就在众仙家一筹莫展之际，元始天尊从天而降："话说元始在九龙沉香辇上，扶住飞来椅，徐徐行至正东震地，乃诛仙门。门上挂一口宝剑，名曰诛仙剑。元始把辇一拍，命四揭谛神撮起辇来，四脚生有四枝金莲花；花瓣上生光；光上又生花。一时有万朵金莲照在空中。元始坐在当中，径进诛仙阵门来。"[1]元始天尊只身一人闯入诛仙阵，并与太上老君、准提道人、接引道人一起破了此阵。在《封神演义》中，元始天尊的道行被渲染到极致，也就成了国人熟悉的道教第一尊神。

奇怪的是，元始天尊虽位列道教众仙之首，其来历却非常神秘，在中国古代神话与道教早期典籍中均无踪可寻。道人葛洪在《枕中书》中记载："昔二仪未分，溟涬鸿蒙，未有成形，天地日月未具，状如鸡子，混沌玄黄，已有盘古真人，天地之精，自号元始天王，游乎其中。"盘古是中国古代开天辟地的神话人物，元始天王或许是在盘古影响之下出现的。葛洪的另一本《抱朴子》中，又出现了一个能调和阴阳、役使鬼神的元君。元始天王、元君，可能是元始天尊前身。

南朝高道陶弘景第一次对庞杂的道教神系进行梳理，将道教近700位天神、地祇、人鬼、仙真众圣划分为七个等级，每个等级有一位主神，统领左右仙众。《真灵位业图》中，元始天尊正式定名——"上合虚皇道君应号元始天

[1]（明）许仲琳著：《封神演义》，上海古籍出版社，1984年。

尊”，位列第一等，居住在天界最高的仙境“玉清”。左边有五灵七明混生高上道君、东明高上虚皇道君、西华高上虚皇道君、北玄高上虚皇道君、南朱高上虚皇道君等仙官，右边为紫虚高上元皇道君、洞虚三元太明上皇道君、太素高虚上极紫皇道君等神仙。《真灵位业图》确定了元始天尊至高无上的地位，被尊为道教主神、天地之主。

道教此前一直以老子为尊，以《道德经》五千文为经典，元始天尊在历史上出现较晚。老子历史上实有其人，且当过周朝守藏史，史书也明确记载了他的生平，他更像人而非神。继元始天尊之后，道教又有了“太上道君”（即灵宝天尊）。道教典籍《云笈七签》载，太上道君在母胎孕育三千七百年后，诞生在西那天郁察山浮罗之岳，掌管的上清境玄都玉京有30万金童玉女侍卫，万神入拜。《历代神仙通鉴》又说他“有三十六变，七十二化。人欲见之，随感而应，千万处可分身皆到”，这个说法可能模仿了佛教的观音七十二化。不过，太上道君在民间极少被单独供奉，一般他跟元始天尊、道德天尊一起并称“三清”加以供奉。

从消失的三个石包，复原隋代龛窟

中国不少道观中皆有三清殿、三清阁，供奉元始天尊、灵宝天尊与道德天尊，比如山西永乐宫三清殿、江西龙虎山三清殿、云南西山三清阁、四川青羊宫无极殿等。元始天尊气宇轩昂，身着华丽的道袍，左手虚拈，右手虚捧，象征太极。

相比之下，隋代的元始天尊像便显得古拙了，西山观1—8号的8个小龛开凿于隋末唐初，第1龛残高52厘米、宽35.5厘米，元始天尊头挽高髻，身披道袍，于莲台上结跏趺坐，莲台下有一须弥座，两侧伸出茂盛的莲茎、卷草，密布整龛。天尊两侧各站立一名真人，身材修长，身披对襟长袍，系着腰带，双手于胸前持笏板。

其他几龛大小、布局相差无几，龛中造像同为元始天尊与二真人，这类题材也被称为“天尊说法图”。历经千年的时光，加之临近玉女泉，造像被青苔染成翠绿色，天尊像或头颅漫漶不清，或身躯残损不堪，只有那些莲茎、卷草，似乎从石头里面生长出来一般，从隋代盛开至今。

玉女泉现存两个石包，一个在玉女泉下，其上镌刻30龛造像；另一个在扬

2-14 2-15 2-16 2-17 西山观“天尊说法图”龛

2-18 “天尊说法图”龛全景

2-19 绵阳西山公园子云亭晚唐天尊老君龛，供养人分四层排列在主尊左右岩壁上，左边有43位，右边有42位，这是西山观最大的一龛道龛

雄读书台下，编号第31龛，上有唐咸通十二年（871）年号。天尊、老君并排而坐，旁有三道士，龛窟不大，供养人倒是有九十尊之多，他们大多头戴幞头，身穿圆领长袍，双手合十，身旁有长方形题榜，有些幸运儿的名字依稀可见：李公高、尹富荣、杨进、张元成、田公……看来这是一次集社造像。

但据色伽兰先生记载，当年的西山观曾有甲乙丙丁四个石包：

西山观在城西小山，半山之中。山为红沙石质。寺已倾颓，佛龛在寺后及寺左，凿龛甚低，高约一公尺。昔日虽已重再装饰粉涂，今剥落已久。其原状较广元之千佛崖为易识。

初见之，即确认为唐代作品。兹就龛下路之所经，自东至西述之。

甲、此处诸石，为山顶崩颓之石，即于其中凿龛造像，容像七尊，唐代特有之数也。

乙、大石一块，上有一近代所建之亭，石上雕有信男信女诸像，上有咸通（八七一年）年号。

丙、又西，别有一大石，凿如洞形，宽二公尺五十分，深一公尺八十分。中为佛坐像。旁为尊者菩萨诸像，背面亦有雕像，其两壁所雕之信男信女像，为四川佛龛中造像之美品，左右各三行，平面浮刻二三公毫。其绘画及其轮廓，与龙门之信男信女雕壁，盖属同一体范。其所保存之美丽庄严，惟旧时之毛笔绘画可以拟之。

此亦为唐时作品，缘其信男之冠，与“乙”石所刻相类也。

丁、更西十至十二公尺，有一大石，上有大业六年（六一〇年）年号，是为吾人在四川初见之唐代以前佛教刻品。

此年号在一小龛之右，龛高二十公分，中刻莲台，佛陀趺坐其上，两方有二小狮。

同一石上之石刻文，有大业十年（六一四年）、至德二年（七五七年）两年号。此石上诸小龛，有为模唐代体范作品，有为宋代体范作品。但大多数作品之体范奇异，为四川佛教造像中所未见者。此种佛龛即在刻有大业年号石刻之周围。此种造像，得视为未留作品之造像派之一遗迹，即“隋代作品”是已。[1]

---

[1]（法）色伽兰：《中国西部考古记》，中华书局，1955年。

2-20 绵阳玉女泉，照片左侧石包今已不存，色伽兰先生记为丁石包，从空间关系看，它处于今玉女泉与子云亭之间（中国营造学社资料照片）

色伽兰虽将西山观误认为佛教石窟，却明确记录了石包的数目，乃至造像的分布情况。营造学社的调查，也证实了这个情况。1939年11月21日，梁思成、刘敦桢一行出绵阳北门，西行约2千米至凤凰山。“山腰子云亭附近，有摩崖造像八十余龛，东西错布，大小不一，内除佛教造像一处外，余皆属于道教。”[1]学社还拍下31张照片，从照片来看，西山观当时分布着5个石包。除色伽兰记载的甲乙丙丁外，另外一个在玉女泉附近，也就是现存石包之一。

如此说来，西山观可能有三个石包业已不存。1953年修建宝成铁路时，西山观因临近公路，工人就近取石，将石包凿成条石，用来填充路基。营造学社的照片，揭示了西山观石包之间的空间关系，我们大概可以复原出每个石包上的主要造像，进而拼接出西山观原本的面貌。

[1] 梁思成著，林洙整理：《西南建筑图说：手稿本》，人民文学出版社，2014年。

诸多消失的石窟中，丁石包规模最大。从位置来看，它位于西山观现存两块石包之间，如今这里砌成上山台阶，早已痕迹全无了。当年，它兀立在草丛中，一条裂缝将它分为左右两个部分，40多个大大小小的龛窟就镌刻其上，梁思成先生这样描述丁石包上的大龛：

> 龛内刻天尊坐像一躯，微笑，神情雍穆，冲然深远；头后具圆光，手作施无畏势；下裳披于座下。座之两侧，各刻一狮，与当时佛教造像，几无区别。惟左右侍像，拱手持圭，冠式亦稍异常，乃其特征。[1]

这是西山观最大的一龛，主尊头戴高冠，冠前饰博山形珰，眉毛颀长，眼睛微睁，左手下垂，类佛教“与愿印”，右手上举，类“施无畏印”，身披对襟长袍，内系带，衣褶垂于座前。左侧站立二真人，脸型方正，双手于胸前持笏板（梁思成先生认作圭），宽阔的袖袍及腿，脚穿云履，其下有二蹲狮。龛窟左侧有则题记：“大业六年太岁庚午/十二月廿八日三洞/道士黄法暾奉为存/亡二世敬造天尊像一龛供养。”

20世纪80年代，西山公园开挖路基，工人在地下挖出诸多残石，其中就有这则题记，与之一起出土的，还有两个龛窟，现藏于绵阳市博物馆，学术界通常认为左侧小龛即为大业六年龛。

按照石窟开凿的惯例，年代越早的龛窟往往占据岩壁偏好的位置，大龛恰好位于石包中央。天尊冠前有博山形珰，这是两晋南北朝的时尚。传为东晋顾恺之绘的《女史箴图》中，汉元帝头戴通天冠，冠梁下方就有“珰”；北齐东安王娄睿甬道壁画，文吏戴的冠中也绘有金珰。

北朝年间，一种悬裳座在龙门石窟、巩县石窟、麦积山石窟颇为流行，比如龙门古阳洞、莲花洞、宾阳中洞、来思九洞，巩县第3窟、第4窟，麦积山第142窟等，主尊面容消瘦，面带微笑，身着褒衣博带式袈裟，衣裾垂于座前，华丽繁复，雕工细腻。有意思的是，西山观大龛天尊衣裾同样垂于座前，带有南北朝悬裳座的特点。丁石包大龛带有早期石窟的风格，我们有理由相信，它或许就是大业六年龛——梁思成先生的判断是可信的。

迄今已发现的道教石窟，大多体量较小，比如阆中石室观、潼南大佛寺开

---

[1] 梁思成：《西南建筑图说》“绵阳西山观”，人民文学出版社，2004年版。

2-21 绵阳西山观玉女泉石窟，右侧为大业六年（610）造天尊龛

皇年间的隋龛，高、宽不过1米上下。丁石包大龛高逾2米，天尊面容清秀，眼睛微睁，隐有秀骨清像之风，雕工精美，衣纹流畅。隋代的中国道教石窟虽然处于萌芽期，却依旧出现了高水准的作品。

另一龛消失了的隋代石窟，也在营造学社的照片里显露出来。此龛是大业十年（614）正月八日，文托生母亲所造，希望爱子寿命延长。《金石苑》曾收录碑文，读来情意绵绵：

大业十年正月八日，女弟子文托生母为儿托生造天尊像一龛。愿生长寿

2-22 色伽兰记载的丁石包龛，梁思成、刘敦桢先生认为此龛即“大业六年龛”（中国营造学社资料照片）

2-23 丁石包上镌刻“大业六年”“大业十年”等题记，或许是玉女泉最早开凿的石包（中国营造学社资料照片）

2-24　大业十年龛，龛窟下方有题记一则：大业十年正月八日，女弟子文托生母为儿托生造天尊像一龛。愿生长寿子，福沾存亡，恩被五道供养（中国营造学社资料照片）

2-25　丁石包上元龛，一天尊二真人，位于“大业十年龛”右侧，龛楣外侧有题记：“奉道女生郭氏妙……家男郭可……天尊一龛……上元……”这则题记此前未见披露（中国营造学社资料照片）

2-26 西山观这几个小龛开凿于唐代，题记显示，唐□元二年□月，道士任志斌“为亡父任士亡师任士金敬造□天尊老君□供养”，当为正中一龛

2-27 西山观天尊老君龛线描图

子，福沾存亡，恩被五道供养。[1]

大业十年龛在大龛右下方，当年尚保存完整。主尊头戴芙蓉冠，身披道袍，于三层仰莲莲台上结跏趺坐，下承须弥座，衣裾垂于座前，左右生出卷草、莲茎，其上托莲台，二真人站立其上，双手于胸前持笏板，题记在石窟下方。可惜这龛有纪年的造像，也消失得无影无踪。

大业十年龛相邻的几个龛窟，龛中主尊均为一天尊二真人，布局相似，风格相近，年代恐怕不会相差太久。丁石包可能是西山观最早开龛的石包，部分龛窟开凿于大业六年至十年间。

龙门垭，深山中的微缩龙门

“蜀道之难，难于上青天”，古时西蜀大地与外界的沟通以金牛道与米仓道为主。金牛道为官道，其路线从汉中兴元府（今陕西汉中南郑）向西，经勉县西南裂金坝，南折入五丁峡、五丁关入蜀，古道至迟在春秋战国便已开通，那些往来不绝的王侯、官吏、商贾、僧侣、道士在古道沿途留下一龛龛石窟，使得金牛道变成一条名副其实的石窟走廊。

绵阳市盐亭县曾是金牛道上的重要驿站，境内分布着十余处石窟，龙门垭石窟近两年才被发现，也是年代最早的一处。龙门垭地处黑坪镇龙门村，距离县城约16千米。走下公路，走上田垄，穿过一片茂密的玉米林，黑压压的柏树林中有块岩石，其上刻造有24个龛窟，这便是龙门垭了。

龙门垭最上层有四个龛窟，距离地面约4米，从下方仰视，似乎是典型的佛窟，但“弥勒佛”双手捧着圆珠，“释迦牟尼佛”握着蒲扇，如此组合此前从未发现过。从周边农户家中借来梯子，我晃悠悠地爬上去，在岩壁上找到一则斑驳的题记：

……业十一年岁次乙亥□月三日乙未，□弟子……儿郎绪东都……为天地六道□□于此龙门山发心 敬造……天尊一龛，弥勒佛一龛，□君一龛，观世音菩萨一龛，并□□师子□□□同供养。□儿元祥，三儿元□，□儿国满，弟

[1]（清）刘喜海：《金石苑》，巴蜀书社，2008年。民国《绵阳县志》后半部分文字略有不同，“……愿生长哥子，福沾存亡，恩被三道”。

2-28 夕阳下的龙门垭全景，大大小小的龛窟被染得通体金黄，树影婆娑，在岩壁洒下斑驳的影子，随风摇曳。图为本书作者在现场做调查

五儿盘陂……[1]

大业元年（605），隋炀帝营建东都洛阳，唐朝高宗、中宗、睿宗、玄宗、昭宗都将其作为帝都。隋唐时期，以“业”为名的年号唯有隋炀帝的“大业”，龙门垭造像体形粗壮又隐有清秀之风，带有典型的隋代风格，这四龛应该是隋大业年间的作品。从题记来看，这个家族或许来自东都洛阳，著名的龙门石窟就开凿在龙门山和香山崖壁上，隋时的龙门垭也叫龙门山，冥冥之中似乎暗示着与东都的某种渊源。

在这个微缩的龙门山中，元祥、国满几兄弟与父亲捐资开凿了弥勒佛、天尊、老君、观音，有道有佛。不过，这可能是我看过的最奇怪的道教石窟了——天尊头有肉髻，双耳垂肩，身着圆领袈裟，双脚踏在莲台之上，只有手里捧着的浑圆珠显示着他元始天尊的身份；老君面目方正，身着通肩袈裟，手中的蒲扇与身下的凭几，他显露了他的真实信息。

“大象无形，大音希声”，根源于中国本土的道教起初并不提倡偶像崇

[1] 题记系作者抄录。

2-29 龙门垭“天尊一龛，弥勒佛一龛，□君一龛，观世音菩萨一龛”（从右至左）

2-30 题记中“……业十一年岁次乙亥□月三日乙未”字迹犹存，隋唐之时以“业”为名的年号只有隋炀帝的“大业”，结合其造像风格，龙门垭应开凿于隋代

拜，而佛教自古称为“像教”，历来有开龛的传统。佛教传入中国后，道教借鉴佛教的风格、布局开凿石窟，却未能像佛教的“三十二相，八十种好”形成自己的造像体系，工匠开龛时也不自觉地受到佛教影响。北周年间，信仰佛教的数学家甄鸾在《笑道论》中就嘲讽道教模仿佛教，把金刚藏菩萨与观世音菩萨拉来当天尊的随从。现在看来，历史上的道教石窟造像确实从佛教石窟中得到不少灵感，龙门垭见证了道教石窟的混沌，因而弥足珍贵。这似乎也说明，隋代道教石窟仍没有固定格式，带有较大随意性。

大业是隋炀帝杨广年号，这位皇帝也颇好道教，他役使民力开凿大运河游江南，庞大的船队中有楼船一百二十艘，带着僧、尼、道士、女冠随行，谓之四道场，并封为四品官。隋炀帝还幻想长生不死，《资治通鉴》曾记载过这样一个荒唐故事。嵩山有个叫潘诞的道士自称三百岁，隋炀帝封其为三品官，下令修建嵩阳观，配以童男童女各一百二十人，令他炼制金丹。潘诞说炼丹需要石胆、石髓，遂役使数千民工在嵩山里开凿了数十处深达百尺的大洞。历时六年金丹仍未炼成，隋炀帝怒问何故，这个潘诞居然丧心病狂地说：“无石胆、石髓，若得童男女胆髓各三斛六斗，可以代之。”隋炀帝才知受了蒙骗，将他斩首了事。此事虽然荒唐，却说明隋炀帝确是崇道之人。

紫极宫，骑都尉陈仁智

倘若说隋朝与道教还只是藕断丝连，那么唐朝与道教则进入了蜜月期。唐朝是李氏天下，李渊登基后急于将政权神化，同样姓李的太上老君被选中，成为李氏政权的守护神。因为这个缘故，太上老君信仰风靡一时，大有与天尊平分秋色之势。

西山观丙石包或许就是在这样的氛围下产生的，梁思成先生誉为“初唐大龛”。石包上仅有一龛造像，宽2.5米，进深1.8米，太上老君如同一位慈祥的老者，颌下胡须浓密，左手已残，右手握扇柄，身着“V”领道袍，端坐在凭几中。龛中人物甚众，可见真人、女真、仙童等。

“初唐大龛”历来以精妙的供养人闻名，色伽兰先生有“其所保存之美丽庄严，惟旧时之毛笔绘画可以拟之”的赞誉。梁思成先生则记载：“左右两壁，浮雕施舍侍女三层，简洁婉约，犹存六朝之规范。”供养人信息此前未经披露，比对色伽兰与梁思成先生的照片，可发现供养人左侧四层，为道士与男子，右侧三层，为道士与女子，并尝试辨认出他们的身份。

左侧造像，第一层，第一位头戴道冠，身披对襟长袍，手持长柄香炉，脚穿云头鞋，题榜为“校检本观主三洞道士陈……”；第二位也是道士，题榜“紫极宫三洞道士蒲中虚”；第三位头戴幞头、身着圆领长袍，双手拢于袖中，题榜为“上座骑都尉陈仁智”。

第二层：男子五人，“录事云……”“云骑尉王仁行”“王□□”“史□□”“……琮”。

第三层：男子四人，“平正骑都尉……金石”“骑都尉严智□”“邓行举”“兵部品子王承家”。

第四层：男子四人，“兵部品子……”“王玄运”“雍行□”“王德满”。

右侧造像：第一层，第一位道士装扮，头戴道冠，手持长柄香炉，题榜为“□□高玄道士王太极”；后五位为女子，题榜分别为“上座杨大娘”“录事张大娘”“平正张释迦”“文妙法”“雍法相”。

第二层：女子六人，“陈□妃”“孙正□”“王三娘”“朱妙光”“□舍娘”，最后一尊题榜不明。

第三层：女子五人，“倪细紧”“王四禄”“邓仫娘”“杨光□”，第五尊题榜不明。

从题记来看，唐代西山观曾有座道观，名为紫极宫。唐高宗曾下诏在各州建立紫极宫，作为官方道观，供奉太上老君。初唐年间，道士蒲中虚、王太极等主持开凿了这龛造像，参与者不乏官宦，可见这次开龛必然是州中盛事。唐朝勋官制度，设上柱国、柱国、上大将军（后改为上护军）、大将军（后改为护军）、上轻车都尉、轻车都尉、上骑都尉、骑都尉、骁骑尉、飞骑尉、云骑尉、武骑尉，凡十二转。题记中陈仁智、严智□等人的骑都尉，为勋官十二转之第五转，比从五品；王仁行的云骑尉，则为第二转，比正七品。

唐代门荫制度，皇亲、国戚、功臣、官员可以让子孙优先入仕，包括卫官、斋郎、品子三个类别，其中品子，“文武职事三品以上给亲事、帐内。以六品、七品子为亲事，以八品、九品子为帐内”[1]。亲事、帐内考满10 年，根据成绩送往吏部、兵部任职。此外尚有一种纳课品子，由职官六品以下，勋

[1] （宋）欧阳修、宋祁：《新唐书·食货五》，中华书局，1956年。

2-31 丙石包初唐大龛右侧供养人

2-32 西山观丙石包。龛中造像甚众，主尊太上老君，前排可见真人、女真，后排造像模糊不可辨，龛口二仙童

2-33 绵阳西山观甲石包，龛中雕一天尊二真人二女真，龛口二力士（中国营造学社资料照片）

官三品以下、五品以上官员之子充任，选拔年满十八岁者，纳课十三年后，经兵部简试，第一等送吏部，第二等留兵部，授予文武散官，第三等继续纳课两年，第四等继续纳课三年，合格者才授予官职。[1]由此看来，题记中的王承家等人，即以家世在兵部出任品子。

女子头梳高髻，身着长裙，脚踏云头鞋，体态婀娜，身姿绰约。文妙法扭过头去，似乎正与雍法相窃窃私语。雍法相、文妙法应是其法号。南诏、大理国崇信佛教，有“妙香佛国”之号，不少信众即以“观音”“释迦”为名，比如高观音政、高观音明、李药师祥、杨诸天仑等[2]，看来当时蜀地也有此风俗。而上座、录事、平正等称呼，暗示女子曾集社造像，这样的社邑唐代在蜀地颇为流行。

---

[1] 张景臣：《唐代门荫入仕的几个问题》，《殷都学刊》，2011年4期。

[2] 王海涛：《云南佛教史》，云南美术出版社，2001年。

唐代，另外一个石包亦开始开龛，这便是甲石包，龛中雕一天尊二真人二女真二力士，天尊面容饱满，笑意盈盈；真人眉清目秀，体态修长；龛楣上的飞天凌空起舞，长长的飘带飞舞，飘在左右两朵莲花之上。可惜这龛精美的造像，也最终被凿成条石，那些天尊、真人身首异处，在黑暗的地下永无天日。

绵阳西山观曾有五个石包、八十多个龛窟。除现存两个石包外，丁石包可能是西山观最早开龛的石包，部分龛窟开凿于大业六年至十年间；甲石包、丙石包营建于初唐年间，参与者不乏州中官吏。借助营造学社的照片，我们最终拼接出这处石窟的原貌——它是中国已知隋代道教石窟群最大的一处，始于隋代，延续至唐，绵延三百余年。

2-34 绵阳玉女泉造像，位置不明。龛窟大多残损，从残痕来看，题材以一天尊二真人二女真二力士为主（中国营造学社资料照片）

2-35 绵阳玉女泉造像，位置不明。主尊胸部以下残，右侧真人不存，真人、女真身体半没于泥土中（中国营造学社资料照片）

道家与道教

初涉道教的读者，往往对道家与道教有些迷糊。一言以蔽之，道家是学术流派，而道教是宗教信仰，两者有质的不同，却又有千丝万缕的联系。

春秋战国时期，中国出现了诸多学术流派，班固在《汉书》中统计有189家，主要思想学派有10家——儒、墨、道、法、阴阳、名、纵横、杂、兵、小说。这些学术流派著书讲学，争芳斗艳，史称“百家争鸣”。

诸子百家中有个道家，司马迁在《史记·太史公自序》中，曾经引用父亲司马谈对道家的论述：“道家使人精神专一，动合无形，赡足万物。其为术也，因阴阳之大顺，采儒墨之善，撮名法之要，与时迁移，应物变化，立俗施事，无所不宜，指约而易操，事少而功多。”[1]道家以“道”为核心，认为“道”是宇宙的最高本体及一切事物的根源，提倡道法自然、阴阳调和；政治上，道家以“无为”治理天下，希望回到“小国寡民”的社会。

道教的代表人物是老子与庄子，并称“老庄”。老子姓李名耳，字伯阳，又称老聃，楚国苦县厉乡曲仁里（今河南鹿邑）人。他生活的时代，正值周朝式微，各国诸侯为争夺霸主交相攻伐，战争不断，老子目睹民间

---

[1]（汉）司马迁：《史记》，中华书局，1982年。

疾苦，提出了一系列治国安民的主张。《道德经》五千文即为他生平思想的综述，也是道家思想的源头，诸如“道可道，非常道。名可名，非常名”“大成若缺，其用不弊。大盈若冲，其用不穷”“信言不美，美言不信”等思想，对中国文化影响深远。老子之后，庄子执道家学派牛耳，《庄子》内篇、外篇、杂篇是对老子思想的继承与发展。

东汉末年，水、旱、蝗、疫、地震连年不绝，汉桓帝永兴元年（153）七月，全国就有三十个郡国爆发蝗灾，洪水肆虐，世家大族、地方豪强势力膨胀，兼并土地，百姓流离失所，民不聊生，百姓在走投无路之中幻想在宗教中得到解脱。东汉谶纬、神学兴盛，鬼神信仰流行，加之佛教在此时走进中国，受此影响，一些受谶纬与道家思想影响的方士也试图借助宗教的力量摆脱残酷、黑暗的现实，道教便应运而生了。成立之初的道教同样奉行《道德经》，将老子奉为神灵，这都带着浓厚的道家气息。

东汉末年，中国出现了两支道教宗派，一为太平道，一为五斗米道。太平道奉行《太平经》，由巨鹿人张角创立，张角自称大贤良师，以符咒替人治病，十余年间，徒众已数十万，联结郡国，遍布青、徐、幽、冀、荆、扬、兖、豫八州。张角率领太平道信徒起义，以“苍天已死，黄天当立，岁在甲子，天下大吉”为口号，这便是“黄巾起义”。起义后遭残酷镇压，太平道也随之销声匿迹。

五斗米道由张道陵创立。东汉顺帝年间（125—144），沛国丰人（今江苏丰县）张道陵听闻蜀地民风淳朴，与弟子入鹤鸣山传道，凡入道者，需交米五斗，故称“五斗米道”。张道陵在蜀中设立“二十四治”，即二十四个传教点：阳平治、鹿堂山治、鹤鸣山治、漓沅山治、葛璝山治、庚除治、秦中治、真多治，昌利治、隶上治、涌泉山治、稠稉治、北平治、本竹治、蒙秦治、平盖治，云台山治、浕口治、后城山治、公慕治、平冈治、主簿山治、玉局治、北邙山治。[1]后与二十八星宿相配，增至二十八治。“治”中设立“祭酒”，总理辖区大小事务，祭酒之上又有“治头大祭酒”。五斗米道同样以道法替人治病，设立静室，令病人面壁思过；或为病人祈祷，将病人姓名写在纸上，一式三份，一份放于山上，一份埋于地下，一份沉于水中。

五斗米道也称正一道或天师道，学术界通常将它的创立视为道教的起源。张道陵羽化后，其子张衡即位，称嗣师；其孙张鲁称系师，割据汉中，建立起一个政教合一的政权。第四代天师张盛于西晋永嘉年间从汉中迁徙到江西龙虎山，后世子孙代居于此，世袭道统，龙虎山遂成为正一天师道派的祖庭。

---

[1]（宋）张君房编：《云笈七签》，中华书局，2003年。

上 / 西山观石窟在西山公园玉女泉旁的石包上，山泉终日不停，汩汩流入池中，调皮的孩童时常跨入池中捉鱼

下 / 绵阳西山公园西山观，许多绘画爱好者专程来到这里临摹岩壁上的隋代龛窟

龙门垭石窟，2016年夏天，盐亭文管所考古工作者考察这处新发现的隋代石窟

唐

众妙之门

长生保命天尊

年代	代表石窟	供養人	代表造像
唐	四川安嶽玄妙觀　四川蒲江飛仙閣、長秋山　四川丹棱龍鵠山　四川仁壽壇神巖、渣口巖、千佛寺　四川劍閣鶴鳴山、老君廟、錦屏山　四川龍泉天落石　河南龍門石窟3龕道窟　甘肅合水蓮花寺	左識相　李玄則　成無爲　三洞道士楊行進　女道士楊正真、楊正觀　楊彥高　前劍州刺史鄭□　尼女鍼張敬琮	天尊說法圖　老君說法圖　天尊老君并坐　長生保命天尊救苦天尊乘九龍　十天尊　佛道合龕　并列真人　六丁六甲

自唐高祖李渊创立唐朝以来，唐朝便与道教结下不解之缘，道教迎来了历史上第一个鼎盛期。李渊登基后急于给政权披上神性的光环，同样姓李的太上老君，成为他的最佳选择。此后，历任唐朝君主不断加封尊号，唐高宗李治封老君为“太上玄元皇帝”，唐玄宗李隆基先是加封其为“圣祖大道玄元皇帝”，此后又追封为“大圣祖高上大道金阙玄元天皇大帝”。名号越来越长，也越来越亲热，最后都直呼“大圣祖”了。安岳县鸳大镇玄妙村集圣山上，唐人左识相在山中捐资开凿了一龛老君说法图，这是唐代布局最繁复、雕刻人物最多的老君龛。

朝廷还将老子家乡鹿邑县的太清宫立为祖庙，派遣五百士兵驻守，太清宫太极殿供奉太上老君，唐高祖、唐太宗、唐中宗、唐睿宗、唐玄宗等君主分列左右。王国与道教，君主与神灵，早已你中有我，我中有你了。

在唐朝皇帝不遗余力的推动下，道教在唐代走向了兴盛。但有意思的是，有唐一代，就算北方、中原的佛教石窟早已连崖成片，道教石窟却极为罕见，比如龙门石窟仅有三个小道龛，其中一龛是张敬琮与其母王婆于开元五年（717）三月开凿。道教石窟较之佛教造像，可谓寥若晨星。为何道教唐代如此盛行，道教石窟却这般少见呢？这似乎说明，唐代北方、中原地区的道教石窟仍不流行，或者道教徒还不习惯采用石窟这种形式。

迄今所见的唐代道教石窟，几乎都分布在巴蜀大地上，这与中国石窟的走向是一脉相承的。盛唐之后，北方、中原再无大规模石窟开凿，尤其是在“安史之乱”与“黄巢起义”中，叛军两次攻占长安，唐玄宗、唐僖宗入蜀避难，大唐帝国陷入一场空前动乱之中，北方盛极一时、美轮美奂的石窟相继衰落，巴蜀则接过中国石窟的接力棒，佛教石窟如雨后春笋一般兴起，道教石窟此时也在巴蜀遍地开花。这或许与巴蜀大地深厚的道教渊源不无关系——盛唐以后，当石窟之花绽放在巴蜀道教文化深厚的土壤之时，道教石窟便如雨后春笋一般出现了，打开了一扇走进道教的“众妙之门”。

道教的盛行使得道观数目增多，道士数目自然也是水涨船高，唐代后妃、公主进入道观修行者比比皆是，名门闺媛也竞相出家为道，并出现了不少知名的女道士，如鱼玄机、李季兰，连杨贵妃都曾入道观为女冠。四川有些石窟是女道士主持开凿的，比如丹棱龙鹄山、仁寿坛神岩。

道教的盛行同样影响了文学创作，诗人李白出川后游历天下名山，求仙问道，他在《感兴八首》中，有“十五游神仙，仙游未曾歇”之句。王勃常与道士交游，卢照邻身体有疾，把长生的渴望寄托在道教上，他服食方药，还写诗向道士讨要丹砂。唐代传奇同样流行，中晚唐传奇作品集，如牛僧孺的《玄怪录》、李复言的《续玄怪录》、皇甫枚的《山水小牍》等，神仙题材占了不少篇幅。仁寿县坛神岩的“并列真人龛”中有不少女仙形象，透过女仙人的笑容，那些书卷中的唐代传奇，似乎正凄凄楚楚地上演着。

佛教传入中国后，为了争夺生存空间，一直与本土的道教、儒教有着激烈论争。唐代儒、佛、道逐渐走向了融合，皇帝每每调停三教。在朝廷的提倡下，佛道融合为一时之时尚，仁寿坛神岩、千佛寺，安岳玄妙观，龙泉天落石中都留存着佛道合龛。

由于缺乏造像的经验，唐代道教石窟布局主要模仿佛教的“释迦说法图”“弥勒说法图”，元始天尊或太上老君为主尊，身边站立二真人，再外为二女真，龛口也有力士，佛教、道教龛窟相差无几，远远望去难以辨认。不过，根植于中国传统文化的道教，一直试图注入中国元素，安岳玄妙观的张、李、罗、王四天尊，仁寿坛神岩的并列真人，造像流露出飘逸、淡雅、俊秀之美，中国传统审美已隐约可见了。

玄之又玄，众妙之门

安岳玄妙观

玄妙村里有条玄妙路，玄妙路通往集圣山，集圣山上有座玄妙观。集圣山位于四川省安岳县鸳大镇，唐人左识相在山中为父母开凿了诸多石窟，也将他悲凉、传奇的一生刻在了岩壁上。中国道教史应该记住左识相，他捐资的“老子说法图”，是唐代最大、最繁复、人物最多的一龛。有唐一代，由于皇室推崇，太上老君被尊为“大圣祖”，唐朝天子俨然以它的子嗣自居；为亡父开凿的“救苦天尊乘九龙”，是中国迄今发现的最早作品，这位尊神能够将亡者从地狱拯救出来，因而备受唐人尊崇，《封神演义》中也称其为太乙真人，徒儿便是哪吒。

集圣山上，谁识左识相心中悲凉？

大唐开元十八年（730）的一天，剑南道普州安岳县（天宝元年改为安岳郡，今四川安岳县），左识相早早起身，唤来车夫套上马车，走向了集圣山上的玄妙观。这几天，左识相每每从噩梦中惊醒，早些年的行伍生涯一直在他心中萦绕，久久不去。

左识相本一心向道，祈望托身黄老，岂料天有不测风云，一日忽被州中官吏强征入军。在军中，左识相历尽艰险，眼看着军营中的弟兄一个个倒下，他也如风雨中的落叶一般飘零，“公后日夜修道，被强军征，讨略三军。□□□戟团幕，百命殂亡，血流边丘，枪刀寄痛”[1]。几年后，九死一生的他放下兵器，回到故乡，只可惜手上早已沾满鲜血，那些刀光剑影也成为他内心久久不能平息的梦魇。左识相重新拿起道经，结识了道士李玄则。在李玄则安排下，左识相拿出平生积蓄，在集圣山开凿了诸多道龛，并将自己的经历镌刻在《启

---

[1]（唐）张庭训：《启大唐御立集圣山玄妙观胜境碑》，见龙显昭、黄海德主编：《巴蜀道教碑文集成》，四川大学出版社，1997年。

大唐御立集圣山玄妙观胜境碑》（以下简称《胜境碑》）中，这通唐碑也成为我们了解左识相与玄妙观的窗口。

左识相开龛之前，集圣山上已有造像了，既有佛教的菩萨、天王，也有佛祖、老君并坐的佛道合龛，李玄则虽是一介道士，却也主持佛教开龛，佛教与道教并行不悖。玄妙观《般若波罗蜜心经》碑上，依稀能看到“子□□，色不□□，空不□□，色是空□□，即是色”楷书。20世纪六七十年代，黄桷公社雇了两个石匠上山敲石窟，一天记十个工分，他们把天尊、佛祖、真人、力士的脸庞铲去，又耐心地把碑文上的楷体小字凿平，玄妙观造像大多在此时被毁。

或许从开元十八年七月，左识相开凿石窟的工程便开始了，并一直持续到天宝七载（748）方才完工，历时十九年之久。左识相生活的唐朝，太上老君信仰已很流行，这背后隐藏着深层的政治密码。太上老君姓李名耳，唐朝也是李家王朝，这就拉近了唐朝皇室与太上老君的关系。民间传说唐高祖李渊在战场上处于下风时，太上老君便派神人前来相助。《唐会要》载：“武德三年（620）五月，晋州人吉善，行于羊角山，见一老叟，乘白马朱鬣，仪容甚伟，曰：‘谓吾语唐天子，吾汝祖也，今年平贼后，子孙享国千岁。’高祖异之，乃立庙于其地。”[1]这个老叟便是太上老君。李渊改羊角山为龙角山，修建老君庙，取名伏唐观加以祭祀。就这样，李耳与李渊的祖孙关系正式确立，唐朝皇室的家谱得以神化。

唐朝历任君主皆视老君为祖先，建观立庙，又以玄宗最盛。开元十年（722），他下诏在两京、天下诸州各立玄妙皇帝庙一座，供奉老君。开元二十九年（741），他夜梦太上老君，诏令制作老君图像，颁布天下。一时间，大唐王朝的驿道空前繁忙、尘土飞扬，风尘仆仆的驿卒，将老君图像送到每个州县。

唐玄宗还下诏令天下士庶家藏《老子》一本，在两京及诸州皆立崇玄学，以《道德经》及《庄子》《列子》《文子》《庚桑子》开科取士，将道教典籍作为科举的教科书，并让官吏在民间寻访熟读《道德经》《庄子》的人才。那时候，无数太上老君的图像在唐朝的每一个州县流行，成为石匠手中的新样式，京师州城、名山幽谷中，似乎都弥漫着浓厚的香火气，走在县城的大街小

---

[1]（宋）王溥：《唐会要》，中华书局，1960年。

3-1 安岳玄妙观老君龛是已知最大的一龛唐代老君龛

3-2 老君龛的左壁真人，身材颀长、神态高远

巷，你几乎都能听到书生诵读《道德经》的声音。

返回故乡的左识相，难免不被这股热潮左右，他找来工匠，雕刻了这龛恢宏的太上老君龛，龛高290厘米、宽250厘米、进深100厘米，这也是中国迄今最大、最繁复、雕刻人物最多的唐代老君龛。太上老君头戴莲花冠，慈眉善目，长须及胸，在三层仰莲台上结跏趺坐，胸前有凭几，双臂置于凭几上，右手持蒲扇。老君两侧各有一真人，身着宽袖大袍，双手持笏板站在莲台上，真人两侧又各有一女真。龛口左壁真人手捧如意，右壁有一深目阔嘴的护法神将。龛的上下各有十三、十二位真人像，下层真人像之下又有十二位婀娜多姿的女真人。

在唐玄宗不遗余力的推动下，太上老君成为唐代最流行的道教造像题材。唐玄宗应该感谢左识相，他的老君龛，是迄今发现的唐代老君龛中最精美的作品。唐代安岳佛教同样兴盛，境内的卧佛院、圆觉洞、千佛寨都留存着诸多精巧的佛龛，想来县里的能工巧匠不少。

太乙真人，哪吒师傅的真实面目

玄妙村里有条玄妙路，玄妙路通往集圣山，集圣山上有座玄妙观，村里的一切，都带了“玄妙”二字。《道德经》说，“玄之又玄，众妙之门”。玄妙村是个宁静的村落，这个偏僻的村庄似乎还停留在20世纪60年代，农田环绕，果树成荫，青瓦小院点缀其中，黄昏时分，烟囱里腾起袅袅炊烟，柔暖的暮光洒在被青苔染得发绿的青瓦上。沿着荒草丛生的古道走上山去，穿过一片茂密的竹林，集圣山就在眼前了。

集圣山上有块蘑菇形巨石，32个大大小小的龛窟雕凿其上。来之前，我曾看过一张拍摄于20世纪80年代的照片，当时石窟暴露在荒野之中，周围堆满了秸秆，杂草爬进龛窟，石灰书写的“提高警惕，保卫祖国”八个大字清晰可见。眼前，一间简易的瓦房总算能为这些神灵挡风遮雨了。

大门常年紧锁，只有农历初一、十五上香的日子才开，大多数时候，玄妙观落寞而清静。推开简陋的木门，那些唐代龛窟次第出现，让人蓦地觉得，左识相与乡邻们从未离开，他们的故事就隐藏在那些斑驳的龛窟中，一回溯，一触碰，便绘声绘色地讲述起来。

当年，左识相以全副身家在玄妙观营建石窟。《胜境碑》中有这样一段话：“至开元十八年七月一日，父□□化后，相天龛，次王宫龛，□十□□□

3-3 安岳县玄妙村集圣山上有块蘑菇形巨石，79个大大小小的龛窟、1293尊造像雕凿其上

救苦天尊乘九龙。”为父亲，左识相先后凿了天龛、天宫龛、救苦天尊等。通常认为，玄妙观1号老君龛，2号张、李、罗、王四天尊龛即为天龛、天宫龛。[1]第2号龛四位天尊面部业已被毁，倒是龛口的天王威武无比，绾着高髻，缯带上冲，面容威严，身着明光甲，围护颈，戴护臂，腹部系有鹘尾，脚上套靴，左侧的手仗长剑一把，右侧的手持短棍。左识相捐资的几个龛窟，天王均似常人大小，活脱脱就是一群镇守边关的唐代武将。

救苦天尊面部残损，身着道袍，脚踏云头鞋，站立在莲台上，莲台下有九

[1] 张亮、江滔、雷玉华等、成都文物考古研究院、安岳县文物管理局：《四川安岳玄妙观唐代摩崖造像调查报告》，《考古学报》，2020年4期。

3-4 救苦天尊乘九龙

3-5 救苦天尊乘九龙线描图

3-6 护法力士肌肉凸起，青筋暴起，凛然有不可侵犯之风

条飞龙。天尊右侧站立一位裸上身、系短裙的力士，青筋暴起，小腹微微隆起，都说唐人喜胖，不想威武无比的力士竟也留起了小肚子。

说起救苦天尊，读者或许觉得陌生，如果说起太乙真人，恐怕就熟悉多了。在《封神演义》中，他是哪吒的授业恩师，传授哪吒三头八臂之法，还慷慨相赠乾坤圈、混天绫、九龙神火罩、火尖枪、金砖、风火轮、阴阳剑等法宝。《封神演义》第十三回“太乙真人收石矶”，哪吒在陈塘关玩耍，拿起乾坤弓，射出震天箭，一箭射到骷髅山白骨洞，射死了石矶娘娘门人碧云童子。石矶娘娘前来兴师问罪，太乙真人与她斗了好几个回合，抛出九龙神火罩将其收服。

幼时读《封神演义》，最羡慕的就是哪吒了，他的师傅太乙真人宝贝最多，徒弟做错了事他来撑腰。其实，道教中太乙救苦天尊地位更为尊贵，是《真灵位业图》中排名第一等级的“先天尊神”，也称东极青华大帝、寻声救苦天尊。太乙救苦天尊的神奇之处，是将亡者从地狱中拯救出来，只要座下九头狮子一声吼，能够打开地狱的大门。传说它还能应化十方，化身为十方救苦天尊，即东方玉宝皇上天尊、南方玄真万福天尊、西方太妙至极天尊、北方玄上玉宸天尊、东北方度仙上圣天尊、东南方好生度命天尊、西南方太灵虚皇天尊、西北方无量太华天尊、上方玉虚明皇天尊、下方真皇洞神天尊。

唐代的中国，地狱观念已经浸透到社会的各个阶层，佛教有地藏菩萨掌管着地狱，《佛顶尊胜陀罗尼经》能让在地狱中受苦的亡灵往生净土；道教则以酆都大帝、东岳大帝掌管地狱，并有太乙救苦天尊这样的地狱拯救者，这或许也就是左识相为亡父开凿救苦天尊的原因——在崇尚孝道的中国，没有人愿意父母在幽暗的地狱中遭受折磨。

太乙救苦天尊的影响力在民间广为传诵，《道教灵验记》中就有几则关于它的故事。南阳有位香客笃信救苦天尊，在救苦殿烧香二十余载从不间断，一天夜里，他梦见妻子过来哭诉，她因为生前犯下罪孽被打入地狱，但由于丈夫多年来信奉天尊，自己将得到救赎，第二天早上鸡还未打鸣时掘开坟墓，她便可还阳。

十方院有个叫张仁表的道士，一次生病，恍恍惚惚之中来到地狱，他听说呼唤太乙救苦天尊便可得救，于是高呼天尊名号，判官小鬼都嘲笑他是白费力气。话音刚落，天尊降临地狱，对他说，你本阳寿已尽，现给你七年时间，重返人间，在此期间多行善事，并为我画像广示天下。南柯一梦，张仁表从此云游四海，在道观中为天尊画像，七年后无疾而终。

飘逸淡雅，中国传统审美隐约可见

左识相也为母亲古五娘捐资□开凿了诸多道龛——“为慈母古五娘造东西真像廿躯，小龛卅二龛，刊躯天真□，上下飞天神王□□□□□□□□□宫重阁”[1]。碑文中的“宫重阁”，或许就是岩壁上那些亭台楼阁了。楼阁依崖凿成，高约100厘米，上下两层，鸱吻衔脊，上悬风铃，厚重的斗拱，圆鼓的柱础。楼阁下层并排站立两位真人，璎珞周身，飘带飞舞；上层是龛“天尊说法图”，天尊左右有一力士、一天王。

“大象无形，大音希声”，道教起初认为无形无象的“道”孕育了天地万物，并不倡导造像。相反，佛教被称为“像教”，无论僧人观像禅修，或是百姓开龛祈福，都需开凿石窟。佛教传入中国之初，道教尚能恪守教义，后来，眼看着佛教石窟开凿得热火朝天，百姓趋之若鹜，道士也请来石匠，将道教诸神刻到了岩壁上。道教借鉴了佛教开龛的传统，自然一直难以摆脱佛教美术的窠臼，比如天尊说法图、老君说法图的布局，便是从佛教的释迦说法图、弥勒说法图衍变而来，女真也是模仿佛教的菩萨。虽然如此，但道教一直试图将中国元素融于其中，使之更加中国化，这些中式的亭台楼阁，便是最好的注脚了。

这并非偶然，越来越多的中国元素在唐代融入石窟。佛教中，佛祖生有肉髻，而中国道士是戴冠束髻的，因此老君、真人的头发都拢成髻。太上老君往往端坐在凭几之上，这是古人盘坐或跪坐时，为了让腰部所依托、双臂有所扶靠的日用家具，南北朝时期即已流行，几面呈弧形，以三个兽足或蹄足作为支撑，1995年，江苏南京光华门外赵士岗M10就出土了一件陶凭几。[2]真人手中持的笏板，又称手板、玉板或朝板，早在商朝便已出现，是古代臣下上殿面君时的工具，文武大臣双手执笏以记录君命或旨意。这些地道的中国元素，也是我们在野外判断道教与佛教石窟的主要依据。

玄妙观的天尊、真人身体颀长，面容清秀，大有隐逸脱俗之感。东晋著名画家顾恺之在《画云台山记》中写道：“……画丹崖临涧上，当使赫巘隆

---

[1] （唐）张庭训：《启大唐御立集圣山玄妙观胜境碑》，见龙显昭、黄海德主编：《巴蜀道教碑文集成》，四川大学出版社，1997年。

[2] 南京博物院编：《琅琊王——从东晋到北魏》，译林出版社，2018年。

3-7 玄妙观道龛上雕刻有亭台楼阁，厚重的斗拱、圆鼓的柱础、屋顶两端的鸱尾和悬挂的风铃，是石窟中国化的绝佳见证

3-8 玄妙观道龛亭台楼阁线描图

崇，画险绝之势，天师坐其上，合所坐石及荫，宜磵（涧）中，桃傍生石间。画天师瘦形而神气远，据硐指桃，回面谓弟子。”[1]顾恺之的这段话，历来是研究中国道教绘画的重要资料。道教根源于中国文化，追求一种飘逸、淡雅、俊秀的美，在经历了长达数个世纪的混沌与模仿之后，安岳玄妙观的道教造像逐渐摆脱了佛教石窟的桎梏，天尊、真人如同一位位隐逸在山林中的隐者，将中国传统审美体现得淋漓尽致。

天宝七载，左识相捐资开凿的道龛陆续完工，这位传奇人物从此消失在历史中，在他的影响下，乡民们纷纷捐资开窟，小小的集圣山上洞窟鳞次栉比，俨然洞天。或许，晚年的左识相常常一袭道袍，手持《道德经》，在集圣山上逍遥悠游，“道可道，非常道。名可名，非常名。无名，天地之始。有名，万物之母。故常无欲，以观其妙。常有欲，以观其徼。此两者同出而异名，同谓之玄。玄之又玄，众妙之门”[2]。不知当他读到《道德经》中这些文字时，是否能化解心中的苍凉与哀伤？

---

[1]（晋）顾恺之：《画云台山记》，见韩理洲等辑校编年：《全三国两晋南朝文补遗》，三秦出版社，2013年。

[2]（清）黄云吉：《道德经注释》，中华书局，2012年。

3-9 玄妙观唐代天王造像。天王、力士本是佛教石窟中的护法，道教借鉴了佛教开龛造像的形式，也将天王、力士一并拉进了道教石窟体系

3-10 张、李、罗、王四天尊像，神态高远，身体颀长，如同隐逸在山林中的隐者，中国审美风格若隐若现

3-11 张、李、罗、王四天尊线描图

3-12 玄妙观随处可见残缺的造像残件

3-13 玄妙观人迹罕至，蜘蛛在石窟前结下一张又一张网

3-14 玄妙村里的人家，耕地就在石窟旁边，进出还得通过玄妙观的木门

荒草中的天外飞仙
仁寿石窟

四川省仁寿县境内，留存有坛神岩、渣口岩、千佛寺、白艮罐等诸多唐代道教石窟。坛神岩并列真人龛，是中国少见的大型盛唐龛窟，透过女仙人的笑容，书卷中的唐代传奇，似乎正凄凄楚楚地上演着，把我们带入了那个世人渴望成仙、遇仙的大唐王朝。在龙桥初级中学校舍背后的岩壁上，佛教的释迦牟尼与道教的元始天尊亲密无间地坐在了一起，这是唐代石窟的新风尚。

并列真人龛，岩壁上的《八十七神仙卷》

大唐开元二十九年（741），一封奏折从陵州送到了长安，奏折并非什么军国大事，却与道教有关。奏折说，陵州开元观太上老君突然现身，久久不散，观中数十位道士见证了这一场景，陵州刺史请求将瑞像颁示天下。唐玄宗下诏令有司在长安兴唐观设斋，迎接老君真容，宰臣、百官皆进观上香，侍中牛仙客、中书令李林甫上表庆贺，希望玄宗恩准史官记录下这前所未闻的盛况。[1]

倘若是平时，这位地方官恐怕早已丢掉了乌纱帽，但他遇到的是唐代最崇信道教的皇帝——唐玄宗。玄宗自己多次梦到太上老君现身，找来画师绘下画像，送到各地道观供奉。为此，群臣不断上表庆贺，诗人王维也撰有《贺玄元皇帝见真容表》一文，其中有“真容圣容，既明四目，照殿照室，忽类三光”[2]的赞誉之词。陵州太守此举，恐怕只是投其所好罢了。

---

[1] （宋）王钦若等编：《册府元龟》，中华书局，1960年。

[2] （唐）王维：《王右丞集笺注》，上海古籍出版社，1984年。

3-15 仁寿鹰头村山上遍布上百个石包，像望乡石、香炉石、雷打石、望海石、鸭子石、奶奶石等，其中16座石包上凿有石窟，1395尊佛教造像与124尊道教造像就开凿于其上

开元年间的陵州，辖仁寿、贵平、始建、井研、籍县五县，治所在今天的仁寿县。仁寿县境内石窟众多，比如牛角寨、坛神岩、渣口岩、千佛寺、杀人槽、两岔河、能仁寺、光芒千佛崖等，其中不少是道教石窟，或佛道合龛，似乎还能管窥唐代陵州狂热的道教氛围。

坛神岩位于仁寿县高家镇鹰头村玉皇顶东崖，造像分布在六个石包上。石包已经被苔藓染成了翠色，白色的石花点缀其上，上面开凿出或大或小的龛窟，一尊尊道教神灵似乎正在里面打坐、修炼。一号石包的中央，是一龛长约540厘米、高243.9厘米的大型龛窟——并列真人龛，现编号50号龛。[1]它是中国少见的大型道教龛窟，也是展示道教与中国文化的窗口。透过真人的笑容，那些书卷中的唐代传奇，似乎正凄凄楚楚地上演着。

并列真人龛有造像三十五尊，都似常人大小，体形修长，神态安详。前排造像男女各半，后排均为男子，男子有的头戴莲花冠，留着三缕长须，身着对襟长袍，仙风道骨；有的束发冠，额头刻有皱纹，眉头紧锁，脖子上的青筋也清晰可见。女子头戴花冠，脖系项圈，装饰华丽的璎珞，上身着对襟大衣，肩披天衣，下身着长裙。造像线条流畅，刚劲有力，工匠只用寥寥几根线条便把人物勾勒出来，颇似中国画的“铁线描”。此情此景，活脱脱就是一幅岩壁上的《八十七神仙卷》。《八十七神仙卷》传为唐代画家吴道子所绘，以白描的手法描绘了群仙列队拜会元始天尊的浩大场景，画中的天王、神将“虬须云鬓，数尺飞动，毛根出肉，力健有余”，仙子面容婉约、天衣飞扬，是现存中国道教画作中最精妙的白描作品。

如此精美的造像差点毁于一旦。20世纪60年代，石包上的造像被凿下来，敲不动的就埋雷管炸。眼见石包上的“老爷”越来越少，每晚天一黑，鹰头村村民拿着铁铲、铁锹悄悄摸到坛神岩，一边填土，一边灌水，将一些精美的石窟封存起来，并种上藤草，让它们看起来与山体没什么两样。并列真人龛就这样留存下来，二十多年后，县里的工作人员来到村里做文物普查，当尘封的泥土被剥开的那一刹那，那些唐代真人露出真容，它们或清瘦，或老成，或婉约，或丰腴，代表了中国唐代道教石窟的最高成就，堪称孤品。

---

[1] 四川省文物考古研究院等：《仁寿牛角寨石窟——四川仁寿牛角寨石窟考古调查报告》，文物出版社，2018年。

3-16 仁寿坛神岩并列真人龛，中国盛唐少见的大型道教龛窟，代表了盛唐道教造像的最高成就

3-17 并列真人龛线描图

3-18 并列真人龛局部。男子头戴束发冠，留着三绺长须，身着对襟长袍，仙风道骨；女子头梳螺髻，额头戴有花冠，颈下装饰华丽的璎珞

3-19 并列真人龛局部

3-20 坛神岩三清窟于20世纪80年代重见天日，堪称绝品。题记显示，造像开凿于唐天宝八载（749），由三洞道士杨行进，三洞女道士杨正真、杨正观等人主持开凿

3-21 坛神岩三清窟线描图

3-22 坛神岩释迦、天尊、老君龛，遗憾的是，释迦牟尼佛像的头颅已在几年前被盗割

仙女下凡，唐传奇中的永恒主题

真人是道教修道成仙之人，也就是通常说的仙人。中国传统文化中，“仙”一直是国人喜闻乐见的题材，尤其女仙人降真，与书生偶合，更是传奇故事的永恒主题。唐代传奇流行，其中不少就是关于女仙人的，比如国人耳熟能详的《柳毅传》，它与《梁祝》《天仙配》《白蛇传》并称中国民间四大神话。

唐仪凤年间（676—679），落第书生柳毅回乡途中路过泾阳，偶遇路边牧羊的龙女，见她面带愁容，遂上前询问缘故。龙女讲述了自己的遭遇，她是洞庭龙王的小女儿，嫁给泾河龙王次子为妻，龙子行为放荡，整天与奴婢厮混在一起，她将此事禀告公婆，岂料公婆偏袒龙子，竟将她逐出家门，流落在荒野放羊。柳毅出于义愤，不远千里到洞庭湖传书，洞庭龙王看完爱女书信潸然泪下。钱塘龙王因触犯天条，被锁在洞庭湖中，听说侄女受了欺负，勃然大怒，化身巨龙飞到泾阳，一口吞下龙子，解救出龙女。洞庭龙王为了感谢柳毅，想把龙女许配给他为妻，却被柳毅婉言谢绝，但龙女对柳毅已生爱慕之心。几经波折，柳毅与龙女终成眷属，并双双得道成仙。

柳毅得道成仙，而另一位书生封陟就没那么好运了。裴铏的《封陟传》，讲述的是上元夫人与书生封陟的故事。封陟在少室山苦读，谪居下界的上元夫人，因封陟是青牛道士苗裔，欲度其登入仙籍，并三次主动、热烈地表白情愫、求结良缘，却皆为他拒绝，上元夫人在“吁嘻此子，大是忍人”的叹惋中黯然而退。三年后，封陟染疾身亡，魂魄在押往泰山地狱的途中遇到了来此游山的上元夫人，上元夫人念及旧情，判其重回阳间，延寿一纪。封陟方知昔日下凡的女仙是上元夫人，追悔恸哭不已——这或许正是作者裴铏的本意，他对不解风情的封陟错失了成仙的机会，充满了无限惋惜。

像《柳毅传》《封陟传》这样的传奇，唐代比比皆是。《郭翰传》中的织女，每天入夜而来，拂晓则去，郭翰问起牛郎织女之事，她说：“天上哪比人间？”《刘导传》中的女仙西施、夷光，结伴下凡与儒生刘导、李世炯私会。这些传奇中，仙女往往主动到人间寻觅良偶，甚至连上元夫人这样地位仅次于王母娘娘的大仙都成了故事主角，加入了求爱的行列。那些道教的仙女们哪里还是神？个个成了妖冶、妩媚的怀春女子。“葛洪还有妇，王母亦有夫”“弄玉有夫皆得道，刘纲兼室尽登仙”，在道教看来，神仙也有七情六欲，也要成婚生子，这些思想影响了唐传奇的故事情节，为其创作提供了新的视野。这些高高在上的仙女，拥有着凡夫俗子梦寐以求的美貌、富贵、财富、长生，世间难求的愿望，只要遇到仙人便可轻易获得。坛神岩的并列真人龛，也就如同一扇沟通古今的窗口，让人看到了唐传奇中的女仙，看到了唐代世人成仙、遇仙的渴望与期盼。

南竺观，道士杨行进

坛神岩57号龛也在一号石包上，高243.1厘米，宽285.8厘米，雕凿人物众多，正壁雕元始天尊、灵宝天尊、道德天尊三清，身边簇拥着真人、女真、天王、力士。元始天尊头戴莲花冠，脸型方正，颌下三股胡须，身披道袍，于三层仰莲莲台上结跏趺坐，台下兽首吐出卷草枝叶。天王眼睛圆瞪，大嘴张开，身体魁梧，上身披挂两当甲，下着长裙，套靴，右手握左手手腕。天尊慈祥，真人飘逸，女真婉约，武将魁梧，人物造像生动鲜明，堪称唐代道教石窟的妙品。

龛右壁浮雕重檐形碑，高106厘米、宽76厘米，檐下阴刻三角形垂帐纹，镌刻《南竺观记》：

三十六部经藏目：洞真十二部，洞玄十二部，洞神十二部。一天之下，三洞宝经合有三十六万七千卷，二十四万四千卷在四方，十二万三千卷在中国。上清二百卷，灵宝卌卷，三皇十四卷，太清三十六卷，太平一百七十卷，太玄二百七十卷，正一二百卷，符图七十卷。升玄、本祭、神咒、圣纪、化胡、真诰、南华、登真、秘要等一千余卷，合二千一卅卷□□在世。三府四典、八索九丘、五经六籍，并出其中。余十二万八千七十卷在诸天之上，山洞之中，未行于世。夫三洞经符，道之刚纪，太虚之玄宗，上真之经首。了达则上圣可登，晓悟则高真斯陟。七部玄教，兼该行之，一乘至道，于斯毕矣。

大唐天宝八载太岁乙丑四月乙未朔十五日戊申，三洞道士杨行进，三洞女道士杨正真，三洞女道士杨正观，真□正法观元守，进弟彦高等，共造三宝像一龛，为国为家存亡□□□□供养。[1]

[1] （唐）佚名：《南竺观记》，见龙显昭、黄海德主编：《巴蜀道教碑文集成》，四川大学出版社，1997年。部分文字参考《仁寿牛角寨石窟——四川仁寿牛角寨石窟考古调查报告》（文物出版社，2018年）互校。

3-23 坛神岩三清窟右壁造像碑，名为《南竺观记》，重檐形碑额，浮雕卷草、锯齿纹，记载了道教三十六部经藏目，在中国可谓独一无二

3-24 渣口岩第10号佛道合龛

3-25 渣口岩老君说法图，老君端坐在三脚夹轼中，两侧为真人与女真

从题记来看，唐代坛神岩附近有座南竺观，天宝八载（749）四月十五日，三洞道士杨行进，三洞女道士杨正真、杨正观，杨行进俗家兄弟杨彦高等人，捐资开凿了这龛三宝像，并镌刻题记。题记记载了唐代道教藏经类别，数目共2130卷，分上清、灵宝、太清、太平、化胡、真诰等。

开元年间，唐玄宗曾下诏派遣使者到各地搜寻道经，纂修道藏，名为《三洞琼纲》，也称《开元道藏》。天宝七载（748），他又下诏将收藏的道经由崇玄观缮写，分发给诸道采访使，由各道再次誊抄。胡文和先生认为，此事与三宝龛的修建，仅仅差了一年，或许有着密切联系。[1]我们不妨做这样的推测，道教文化浓郁的陵州，当时也接到了来自朝廷的道经，南竺观或许就充当了这样的角色，一方面作为陵州的代表道观接受道经，另一方面又组织人员再次缮写。这似乎也说明，南竺观与官府之间关系密切，是唐代陵州著名道观之一。南竺观今已无考，坛神岩附近的石窟，可能与这座道观不无关联。

三教合一，唐代社会的新风尚

更多道教龛窟尚在荒野与深山之中，等待着探索与发现，龙桥乡初级中学背后的千佛寺便是其一。龙桥中学背后长18米、高4米的岩壁上，凿有20余个唐代龛窟，比如佛教的千手观音、阿弥陀经变、释迦说法图、弥勒佛等，也有道教的天尊、真人及佛道合龛。

千佛寺第1号龛，天尊身着道袍，端坐在凭几侧，左壁排列五位真人，右壁六位，双手捧笏板，跪立在台基上，颌下长须及胸，头顶上硕大的进贤冠看起来很是滑稽。在千佛寺，佛教、道教不仅同在一个山头开凿石窟，还出现在一个龛窟中。第4号龛佛道合龛，释迦牟尼与元始天尊亲密无间地坐在了一起，佛教的弟子、菩萨与道教的真人也一同出现在石窟中。济济一堂，好不热闹。

距离千佛寺不足10千米的渣口岩，也有诸多佛道合龛，这里唐代曾有过一座石院寺。唐大历十一年（776）的一天，张广□（原文已衍）走进石院寺，许是想起了伤心事，找来石匠开凿了一个小龛。在题记中，他写下开窟原委：他在大历四年（769）四月被官府压迫，有苦无处诉，有冤无处申，这才开窟

[1] 胡文和：《中国道教石刻艺术史》，高等教育出版社，2004年。

3-26 仁寿千佛寺佛道合龛

3-27 千佛寺佛道合龛线描图

以示清白。张广□还留下了自己的形象，他头戴幞头，身着圆领长袍，看起来是个读书人，左手上举，似乎正在控诉那桩冤案。究竟是什么事，能令他时隔七年依旧念念不忘，我们不得而知。

张广□捐资的龛窟，依附在第10号龛右壁外侧。10号龛为佛道合龛，左道右佛，身边簇拥着真人、弟子、菩萨、天王。天王身着铠甲，左手高举兵器，右手按右腿，双脚踏在地鬼之上。窟门的力士头颅早已荡然无存了，身躯也只剩下半边，却依旧有威严不可侵犯之态。

在张广□开窟前后，石院寺尼女针也捐资开凿了一龛造像，这便是第8号龛，也是渣口岩最大的一龛。元始天尊居左，释迦牟尼居右。龛中错落有致地排列五真人、四伎乐、五护法，真人头戴五梁冠，手持羽毛扇，飘然有仙家之气；伎乐有的抱笙，有的抱箜篌，似在弹奏天竺古乐；护法神怒目圆瞪，似要把三界妖孽全部一网打尽。“天龙八部”穿插在其中，它们本是佛教的护法

3-28 张广□供养人像，他头戴幞头，身着圆领长袍，看起来是个读书人，左手上举，似乎正在控诉着大历年间的冤案

神，如今也入乡随俗，过来听元始天尊论道了。

在龛楣上，尼女针留下了自己的线刻造像，她身着袈裟，目光虔诚地注视着佛祖、天尊，一旁有则楷书题记："□石院寺尼女针供养。"女针本是女尼，按理说出资开凿的应是佛像，为何反而是佛道合龛呢？况且，佛教传入中国以来，为了争夺生存空间，一直与本土的道教有着激烈论战，由此带来剧烈的动荡，甚至发生大规模毁佛灭道运动。南北朝时，佛道斗争就引起了北魏太武帝与北周武帝的两次废佛事件，以及北齐文宣帝灭道之举。大量寺院被拆除，佛像被捣毁，僧人被杀或被迫还俗，给社会与文化带来了巨大影响。为何在眼前的渣口岩，佛、道却出现在了一个石窟中？

答案还得从唐高祖李渊说起，李渊立唐后，一直试图改变佛教与道教，乃至儒教的关系，他数次对三教进行调停，史称"三教论衡"，虽然形式上呈现了三教之别，却为三教的交流、融合提供了条件，佛、儒、道从对立慢慢走向了融合。此后的唐朝皇帝也每每调停三教，唐朝诗人白居易于太和元年（827）作为儒教代表参加了宫中组织的"三教论衡"大会，安国寺沙门义林与太清宫道士杨弘元分别作为佛、道代表参会，大会由唐文宗亲自主持，三教依次诘问、作答。

有意思的是，白居易早年被谪贬江州时，就写过一首《睡起晏坐》："后亭昼眠足，起坐春景暮。新觉眼犹昏，无思心正住。淡寂归一性，虚闲遗万虑。了然此时心，无物可譬喻。本是无有乡，亦名不用处。行禅与坐忘，同归无异路。"[1]诗中的"无有乡"语出道书，"不用处"来自佛经，白居易虽是唐代名儒，平生却深谙佛、道，可见三教融合对文人的影响。而另一位位列"唐宋八大家"的大儒柳宗元，不仅平生倡导"三教融合"，还提出"元气论"，试图从哲学的角度解决儒、佛、道的根源问题。

唐代三教合一风气之盛，以至艺人都以此为话题，《优语集》记载了一个叫李可及的戏子的故事——《亦妇人也》：

咸通中，优人李可及者，滑稽谐戏，独出辈流，虽不能托讽匡正，然智巧敏捷，亦不可多得。尝因延庆节，缁黄讲论毕，次及倡优为戏，可及乃儒服险巾，褒衣博带，摄齋以升崇座，自称三教论衡。其隅坐者问曰："既言博通三

[1]（唐）白居易：《白居易诗集校注》，中华书局，2006年。

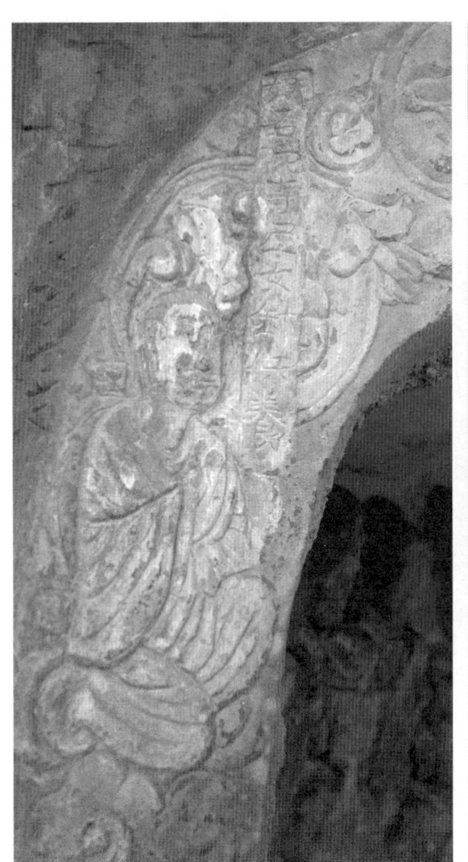

3-29 尼女针线描图，她身着袈裟，目光虔诚地注视着佛祖、天尊，一旁有一则楷书题记：“□石院寺尼女针供养。”

3-30 渣口岩龛口的供养人线刻

教，释迦如来是何人？”对曰：“是妇人。”问者惊曰：“何也？”对曰：“《金刚经》云：‘敷座而坐。’或非妇人，何烦夫坐，然后儿坐也？”上为之启齿。又问曰：“太上老君何人也？”对曰：“亦妇人也。”问者益所不喻。乃曰：“《道德经》云：‘吾有大患，是吾有身。及吾无身，吾复何患？’倘非妇人，何患乎有身乎？” 上大悦。又问：“文宣王何人也？”对曰：“妇人也。”问者曰：“何以知之？”对曰：“《论语》云：‘沽之哉！沽之哉！吾待贾者也。’向非妇人，待嫁奚为？”上意极欢，宠锡甚厚。翌日，授环卫之员外职。[1]

延庆节上，按照惯例，文武群臣为皇帝祝寿，儒、释、道代表分别讲论玄妙高深的经义，李可及的表演就在此之后。李可及表演的是参军戏，十六国后赵石勒时（一说东汉和帝时期），一名参军官员贪污，朝廷令优人扮作参军，让别的优伶从旁戏弄，参军戏由此得名，如同今日的相声一般。李可及看来是读过《金刚经》《道德经》《论语》的，这才说自己“博通三教”，表演之时妙语连珠，逗得唐懿宗很是开心，他的话虽荒诞不经，却说明唐代三教融合已是社会常见现象，连戏子都受此风的熏陶了。

而对百姓而言，中国人历来有泛神论的传统，管他佛教的还是道教的，管他外来的还是本土的，只要能保佑自己就好，把佛教的释迦牟尼与道教的元始天尊一起供奉，那还有什么不能解决的呢？这或许是唐代佛道合龛流行的民间土壤。直到现在，中国民间寺庙也是佛道不分，既有佛祖、观音、地藏，也有药王、财神、文昌帝君。佛道合龛在坛神岩、千佛寺、白艮罐都有分布，这种奇妙的信仰似乎在仁寿有着广泛的流传，它们也与白居易的诗作、李可及的倡优之戏，一同成为唐代三教相互融合的见证，为后人研究“三教合一”提供了生动形象的史料。

[1] 任二北编著：《优语集》，上海文艺出版社，1982年。

3-31 牛角寨周边怪石林立，上面布满了佛教、道教石窟

3-32 牛角寨摩崖造像，融儒、佛、道三教合一，常年都有村民前来拜祭

3-33 坛神岩并列真人龛全景

3-34 千佛寺位于龙桥中学里，中午休息时，孩子们在教学楼上玩耍，注视着教学楼背后的石窟

石窟中的大唐女道士传奇
丹棱龙鹄山、蒲江长秋山

四川省丹棱县龙鹄山现存石窟造像47龛，是大唐天宝年间女道士成无为主持开凿的，岩壁上斑驳的《松柏之铭》碑再现了她的一生。蒲江长秋山是东汉张道陵创立的二十四治中的“主簿治”，相传女道士杨正见在山中服食茯苓，羽化成仙。有唐一代，伴随着道教的兴盛，女道士的数目也是水涨船高，后妃公主进入道观修行者比比皆是，名门闺媛也竞相出家为道，并出现了不少知名的女道士，如鱼玄机与李季兰，连杨贵妃都当过几天道士。终唐一朝，女道士都是奇特的社会现象。

龙鹄山，女炼师成无为

大唐天宝九载（750）四月十三日，剑南道通义郡丹棱县（今四川省眉山市丹棱县）龙鹄山（唐代又名龙鹤山）上，女道士成无为早早在道观中起身，沿着绝壁上的羊肠小道，走向了后山。一路上的风景很是不错，流水潺潺，翠柏满山，后山传来一声声清脆的凿石声，那是工匠开凿石窟的声音。

对成无为而言，今天是个特殊的日子，由门人师学撰文、杨玲书写的《龙鹤山成炼师植松柏碑》（也称《松柏之铭》碑）最终镌刻完成。[1]成无为看着完工的碑文，恍若看到了浮生：成无为是丹棱县人，自幼爱慕道教，熟悉道经，父母几次逼她嫁人，她誓死不从，终得出家为道。早年的成无为遍访名山大川，期冀着能遇到传说中的仙人，传授得道成仙之法，却每每失望而归，彷徨之中回到家乡丹棱，在龙鹄山中结庐为观，因高筑台，传道修行。

经过几十载的苦心经营，道观规模日益扩大，信众也日渐增多，他们

[1]　（唐）师学：《龙鹤山成炼师植松柏碑》，见龙显昭、黄海德主编：《巴蜀道教碑文集成》，四川大学出版社，1997年。

尊称成无为“炼师”。《唐六典》记载，凡天下观总一千六百八十七所，一千一百三十七所道士，五百五十所女道士。每观观主一人，上座一人，监斋一人，共纲统众事。而道士修行有三号：其一曰法师，其二曰威仪师，其三曰律师。其德高思精者谓之炼师。[1]唐代诗人李白、许浑、鱼玄机、薛涛、王昌龄的诗作中都曾提到过“炼师”，比如薛涛的这首《送扶炼师》：“锦浦归舟巫峡云，绿波迢递雨纷纷。山阴妙术人传久，也说将鹅与右军。”[2]成无为被尊为炼师，想来已是蜀中高道了，她的故事也在民间被神化，传说她调形炼骨时，口含灵芝，数天不饮不食；又说她年过知命，面容却如二十岁的少女。

成无为晚年与门人遍植松柏、翠竹，龙鹄山“尊容湛其金色，灵卫纫其四绕，流水周于舍下，翠柏满于山头，接果艺竹，弥岗蔽野，凡万有余株”[3]。清风吹拂，松涛阵阵，竹林丛丛，古老的道观和祠宇在山间若隐若现，得名“鹄岭晴岚”，被誉为丹棱八景之一。成无为恐自己仙去后有人侵占道观财产、砍伐树木，遂找来门人篆刻了这块《松柏之铭》碑。古碑也像一面镜子，照出了成无为的一生。

龙鹄山山形如刀砍斧劈一般，横亘在荒野之中，《松柏之铭》碑与47龛唐代龛窟从东到西一字排列在山腰上。第1号到7号龛布局、大小相差无几，可能经过了统一筹划。第5龛“太上老君与真人龛”，老君头戴莲花冠，脸型方正，浓眉大眼，浓密的胡须垂在胸前，静坐在凭几中，俨然一位年事已高的老者。老君旁有两位手持笏板的真人，龛口雕刻两位头戴花鬘、身披飞帛的女真人。史书记载，唐玄宗曾将老君图像颁布于天下，这位留着大胡子、手持蒲扇的老者形象，唐代成了老君的标准像。

第22龛“天尊说法图”，天尊身着宽袖长袍，小肚微凸，于仰莲莲台上结跏趺坐，身边真人、女真的头部皆已被毁。有意思的是，龛左右壁雕有八个手持刀、剑等兵器的护法神，应该是模仿佛教天龙八部创造出来的。第10龛高134厘米、宽140厘米，天尊头顶浮雕山峦，左右又各有两座山峦，旁有长方形小碑，题有山名，可惜已模糊不清。这五座山峦，可能对应五岳，即东岳泰山、西岳华山、北岳恒山、南岳衡山、中岳嵩山，道教认为五岳是众神栖

---

[1] （唐）李林甫等撰，陈仲夫点校：《唐六典》，中华书局，1992年。

[2] （清）彭定求等编：《全唐诗》，中华书局，1960年。

[3] （唐）师学：《龙鹤山成炼师植松柏碑》，见龙显昭、黄海德主编：《巴蜀道教碑文集成》，四川大学出版社，1997年。

3-35 丹棱龙鹄山现存石窟造像47龛，是大唐天宝年间隐居在此的女道士成无为主持开凿的

3-36 龙鹄山唐代老君龛，老君龛颌下有浓密的胡须，这几乎成为唐代老君的标准形象

3-37 丹棱县有郑山、刘嘴、鸡公山等数十处唐代石窟，道教石窟目前仅发现了龙鹄山一处，可谓弥足珍贵

身之所，唐代有个叫叶静能的道士，居然能“要五曹唤来共语，呼五岳随手驱使”。

成无为生活的天宝年间，正是唐玄宗崇道的高峰。天宝八载（749）闰六月，玄宗亲临太清宫，册封老君为“圣祖大道玄元皇帝”，将高祖、太宗、高宗、中宗、睿宗五位皇帝皆加上“大圣皇帝”之字，太穆、文德、则天、和思、昭成五位皇后皆加上“顺天皇后”之字，这样就使得唐代开国以来的皇帝、皇后皆与太上老君联系在一起。几年后，他又给老君上封号“大圣祖高上大道金阙玄元天皇大帝”，封号越来越长，也越来越亲切。

龙鹄山并未发现题记，倒是龛窟中留下了不少供养人形象。他们大多头戴幞头，身着圆领长袍，看起来是官吏或读书人装扮，有的双手合十，似在虔诚祈祷；有的侧身探望，似在凝视老君；有的沉思肃穆，似在默念道经。《松柏之铭》碑载，成无为晚年常常主持祭祀山岳的仪式，身边有一批官吏追随，他们或许正是龙鹄山大大小小龛窟的功德主。唐玄宗崇道如此，他的臣子自然也将成无为奉若神明了。

在成无为经营下，天宝年间的龙鹄山宫观林立，云集了诸多女道士，《蜀中名胜记》载，“有《松柏山碑记》云：‘山有三宫九观，乃成无为、杨正见、李炼师成道处，唐天宝年建。’”[1]龙鹄山也逐渐被笼罩上一层神秘色彩。传说五代年间，丹棱大旱，前蜀皇子王宗坦亲自前往龙鹄山求雨，还未回城，大雨倾盆而下，此后每逢旱灾，乡民即到山中祈雨，无不灵验。有贼人围住县城，乡民面对龙鹄山祈祷，县城上空突然云蒸霞蔚，巨龙飞腾，贼人望见，不战而退。

长秋山，石窟里的成仙图

杨正见曾在龙鹄山修行，后在蒲江长秋山成仙。东汉年间，张道陵在蜀中创五斗米道，设二十四治，长秋山即汉代主簿治。“在邛州蒲江县界，去成都百五十里。蜀郡人王兴于此学道成仙，一名长秋山。”[2]王兴是西汉人，曾任蒲江主簿，在长秋山中隐居数年后仙去，可见长秋山道教文化颇为深厚。

---

[1] （明）曹学佺：《蜀中名胜记》，重庆出版社，1984年。

[2] （宋）张君房编：《云笈七签》，中华书局，2013年。

3-38 《松柏之铭》碑拓片

3-39 龙鹄山的龛窟布局、大小相差无几，龛中主尊均为太上老君，有唐一代，由于唐朝王室的推崇，太上老君的信仰在中国达到了高峰

3-40 “天尊说法图”，元始天尊头戴莲花冠，身着宽袖长袍，在马蹄形莲台上结跏趺坐，两边站立众多真人与女真

3-41 真人（左）与天尊、老君龛（右），真人的头颅已在无休止的流光中残破、侵蚀、斑驳

比起成无为，杨正见的故事更具传奇色彩，她是丹棱人杨宠之女，聪慧过人，怜悯好生，嫁给同郡王生为妻。王生家境殷实，喜好宴饮，一日至市集买鱼，唤正见烹杀招待舅姑。杨正见不忍杀生，又害怕被责备，遂离家出走，走了数十里，误入蒲江长秋山中的道观，女道长见她有慈悲之心，遂留在观中。杨正见得道，并非因为长年修行，却是偶服茯苓的结果：

忽于汲泉之所，有一小儿，洁白可爱，才及年余，见人喜且笑。正见抱而抚怜之，以为常矣，由此汲水归迟者数四。女冠疑怪而问之，正见以事白。女冠曰："若复见，必抱儿径来，吾欲一见耳。"自是月余，正见汲泉，此儿复出，因抱之而归。渐近家，儿已僵矣，视之尤如草树之根，重数斤。女冠见而识之，乃茯苓也，命洁甑以蒸之……[1]

杨正见外出汲水，有一小儿走出丛林，与她嬉戏。女道长知道这小儿乃是茯苓现身，遂令杨正见抱回道观。恰好山中粮尽，道长外出求粮，临行前留了

[1] （宋）李昉等编：《太平广记》，中华书局，2006年。

3-42 龙鹄山第22号龛天尊说法图，窟中造像的头颅均被毁

一日口粮，令杨正见将茯苓放于甑中蒸煮，自己明日便返回。是夜暴雨，大水冲毁山路，女道长迟迟未回。十天过去了，杨正见饥肠辘辘，闻到甑中香味，也就顾不上师父教诲，取出填饱肚子。女道长归来后叹息不已，听说山中有人形茯苓，服食得以白日升天，自己已在山中等待了二十年了。

长秋山之巅有座太清观，观下岩壁有龛石窟，长108 厘米、高60厘米，所雕刻画面中，歇山顶建筑隐约可见，一女子手中环抱一物，旁边还有一口水井，表现的可能就是杨正见偶遇茯苓的场景。太清观其他石窟斑驳不堪，早年被村民用油漆妆彩，失去了原来的风貌，依稀可辨为唐代流行的“老君说法图”或“天尊说法图”，与龙鹄山中的道龛如出一辙。开元二十年（732），杨正见飞天成仙，长秋山名震一时，道士、女冠纷纷来到山中修行，他们在岩壁上开凿出天尊、老君，以及“杨正见得道图”，也就在情理之中了。

终唐一朝，名门闺媛、后妃公主竞相为道

成无为、杨正见生活的唐朝，道教的兴盛使得道士数目日渐增多，女道士人数也是水涨船高。《新唐书》载：“天下观一千六百八十七，道士七百七十六，女官九百八十八。”[1]女道士达988人，男道士才776人。《唐六典》记载道观数目相同，其中女道观550所，在京师长安就有景云观、金仙观、玉真观、咸宜观、太清观、万安观、福唐观等大型女道观。

唐代女子入道为一时风尚，她们中自然不乏成无为、杨正见这样潜心经营道观、钻研道法的高道，也不乏家贫无依、进入道观寻得庇护之人，也有大胆追求爱情，与诗人、才子往来唱和的弄潮儿，名门闺媛、后妃公主进入道观修行者也比比皆是，长安城中的金仙观、玉真观的观主，即是睿宗之女金仙公主与玉真公主。

“玉真之仙人，时往太华峰。清晨鸣天鼓，飙欻腾双龙。弄电不辍手，行云本无踪。几时入少室，王母应相逢。”[2]这是唐代诗人李白写的《玉真仙人词》，玉真仙人即玉真公主，她在二十岁那年，与姐姐金仙公主一起向父皇唐睿宗提出出家为道的请求。金仙公主、玉真公主的童年，恰恰是唐代宫廷斗争

---

[1]（宋）欧阳修、宋祁：《新唐书》，中华书局，1975年。

[2]（唐）李白 撰，安旗笺注：《李白全集编年笺注》，中华书局，2015年。

错综复杂、腥风血雨的时候，她们的母亲窦德妃被武则天下令凌迟处死，姐妹俩在这样的环境中长大，如履薄冰，信奉道教或许是明哲保身的最佳途径。睿宗不应允，姐妹俩以为母窦德妃超度为由，睿宗这才勉强答应，为爱女营造金仙观、玉真观。“此二观南街，东当皇城之安福门，西出京城之开远门，车马往来，实为繁会。而二观门楼绮榭，耸对通衢，西土夷夏，自远而至者，入城遥望，窅若天中。”[1]

玉真公主入道后广游天下名山，与诗人李白、王维均交好。《太平广记》载，唐玄宗还曾亲自为玉真公主向张果提亲，这个张果便是“八仙”张果老的原型，在唐玄宗看来，让玉真公主与神仙张果婚配，不失为成仙的捷径，甚至自己还能沾光成仙。张果不肯应允，遁入山林之中。

翻阅《新唐书》，武则天之女太平公主，一次以“为外祖母杨氏积福”名义入道，一次又因拒婚吐蕃入太平观。唐代公主入道者为数众多，玄宗之女万安公主、寿春公主，代宗之女华阳公主，德宗之女文安公主，顺宗之女浔阳公主、平恩公主、邵阳公主，宪宗之女永嘉公主、永安公主，穆宗之女义昌公主、安康公主，皆曾入观修道。

大名鼎鼎的杨玉环也当过道士，当然这只是唐玄宗的缓兵之计罢了。唐玄宗听说寿王妃杨玉环容貌过人，招入骊山温泉宫相见，果然有闭月羞花之容，但杨玉环毕竟是儿子王妃，直接进宫恐有流言蜚语，从温泉宫回来后，唐玄宗便以为母亲窦太后祈福的名义，将杨玉环送去了道观。明修栈道，暗度陈仓，在道观没待几天，杨玉环便进了唐玄宗的怀抱。

杨玉环的经历，说明女道士嫁人或者有情感生活，在唐朝似乎并无不妥，这从另外两位女道士李季兰、鱼玄机的生平便可管中窥豹。李季兰与文人崔涣、朱放、阎伯钧等均有诗文往来，与茶圣陆羽也交往颇密，还曾写诗向皎然表露心迹。鱼玄机十六岁时嫁给补阙（谏官）李亿为妾，却不为李妻所容，无奈之下入咸宜观为道，与御史李郢、员外李近仁、乐师陈韪均有情感交集。

唐代文人也乐意与女道士结交，在他们笔下，女道士简直就是善解风情、知书达理的妙人，诗人李白、白居易、温庭筠、李商隐、司空曙均写过赠送女冠之诗。李商隐曾在玉阳山学道，与女道士宋华阳相恋，他的名作“相见时难

[1] （唐）韦述撰：《两京新记辑校》，中华书局，2020年。

别亦难，东风无力百花残”，即被认为是纪念宋华阳而作。[1]另一位唐朝女道士薛涛，与著名诗人元稹、白居易、张籍、王建、刘禹锡、杜牧等都有唱酬交往。

唐朝女道士的流行，可能与三个因素有关：第一，唐代皇室崇道尤甚，尊太上老君为祖先，营建宫观，朝野上下都笼罩在狂热的道教氛围中。诗人李白一生访道求仙，自称“谪仙人”，另一位诗人贺知章干脆辞官为道，奏请唐玄宗赐其宅第名“千秋观”。第二，公主、贵妃相继入道，尤其金仙公主、玉真公主出家，更是当时一大盛事，名门望族如此行为，必定会引领一时潮流；第三，唐代的开放性与包容性为百姓提供了一个开放的空间，唐代女子在择偶、婚配上都有比较高的自由度，而道士的身份利于她们交际。道士地位也颇高，道士犯法按道教法度处置，州县官吏不得擅自定罪。女道士是唐朝的特殊现象，过去我们对女道士的了解往往出自史书，丹棱龙鹄山、蒲江长秋山的碑文、石窟，为我们打开了探寻唐代女道士生活的又一窗口。

[1] 董明钧：《李商隐传》，台北国际文化事业有限公司，1985年。

3-43 漓江灵官庙真武大帝与阿弥陀佛龛

3-44 灵官庙阎王造像，旁边为小鬼与判官

服药求神仙　长生亦可期

剑阁鹤鸣山

四川剑阁县境内有老君庙、佛爷岩、王家坡、锦屏山、鹤鸣山等诸多道教石窟，可以想见，唐代剑阁道教氛围颇为浓郁。《题几剑阁县志》载，老君庙岩壁上有一则“大兴二年”（319）题记，而经过考证，这个龛窟开凿于唐贞观年间。[1]鹤鸣山体现了剑阁道教石窟的最高成就，“长生保命天尊”面容清秀、仙风道骨，“六丁六甲”身披战袍，威武赫赫，开创了晚唐道教石窟的新风尚。

长生保命天尊，道教的长生渴望

在中国道教历史上，鹤鸣山有着特殊意义。东汉末年，张道陵听闻蜀地民风淳朴，遂率领弟子在鹤鸣山传道，创立五斗米道。四川有两座鹤鸣山，一座在大邑县，一座在剑阁县，通常认为张道陵在大邑鹤鸣山创立了五斗米道，不过剑阁鹤鸣山中几龛道教石窟，也显示此处与道教的某种渊源。

鹤鸣山在剑阁老县城普安镇东南1千米，《四川通志》载：“鹤鸣山在州东二里，特竦千仞，环绕州治。后人摩崖刻唐元结《中兴颂》于上，一名东山，又谓之南山。”[2]近年来，剑阁县城陆续搬到了剑门关镇，老县城愈加落寞，鹤鸣山也是人迹罕至。

鹤鸣山石窟现存6龛，数目不多，却留存了一通唐大中十一年（857）题记。中国唐代道教石窟大多开凿于盛唐年间，尤以开元、天宝年间最为兴盛，

---

[1] 蒋晓春、符永利、杨洋：《四川剑阁老君庙石窟及题记时代考辨》，《考古与文物》，2015年3期。

[2] （清）常明等纂修：《四川通志》，巴蜀书社，1984年。

3-45 剑阁老君庙角落内的残龛

有确切纪年的中晚唐道教龛窟颇为少见。第5号龛长生保命天尊，外龛高249厘米、宽142厘米，天尊头戴莲花冠，浓眉大眼，气宇轩昂，给人仙风道骨之感，上身着交领短衫，下身着裙，脚踏云履，站立在莲台上。龛外左侧有则题记：

长生保命天尊赞并序 前剑州刺史赐紫金鱼袋郑□。上玄之道，进退我生。虽厥攸莫，亦厥攸修。修之于何哉？莫□之主也，主之何乎？莲含华也。

斯实端本怕地起源，诀要克□。中达上过醮则予宝之人，清河崔氏之女也。能坚厥志，思彻□异，明玄以通照希。正月十六日，圣降，以赐祈。因夫典是州暇晨莲陟，于是岫徊览其所，乃灵仙之窟宅在焉。前镌于□厥众矣。爰捨华丽之服，以命石工雕长生保命天尊像一躯，以承我福，以清我躬，遂题赞曰：

崇厥灵尊，其号保命。绵绵亿祀，天齐地庆。求精志卓，我业载定。克弥已心，受祜靡竟。

圣唐大中十一年丁丑岁五月功毕。[1]

唐制官员三品以上穿紫色官服，有时承蒙皇帝推恩特赐，官品不达也能衣紫，称为赐紫，赐紫同时也赐金鱼袋。大中十一年正月十六日，鹤鸣山上举行了一次盛大的斋醮仪式，在崔姓女冠的指引下，这位前剑州刺史郑大人，找来石匠，开凿了这尊长生保命天尊。长生保命天尊不见于道经记载，《老子像名经》载："尔时高上老子告下方保命真人及诸仙众：下方无极世界一百二十天灵像名号。礼之者灭无量罪，得无量福。"这一百二十天灵像，排名第八的是"上生保命天尊"，有学者认为鹤鸣山的"长生保命天尊"便是"上生保命天尊"之误。在我看来，道教宣扬通过养生延年益寿，养生之术大行其道，长生保命天尊或许便是在这样的风气下被塑造出来的，它的背后，是唐人对长生的渴望。

大中是唐宣宗李忱年号，就在大中十一年，朝廷发生了一件风波。广州监军使吴德励素来腿脚不便，三年任职期满返京，业已痊愈，宣宗一问，原来是轩辕集医好了他的腿疾。轩辕集是罗浮山中的处士，唐宣宗下诏召轩辕集到京师，大臣上疏劝谏，唐宣宗仍固执己见，派遣中使迎接，闲暇之时常请教长生之道。唐宣宗又好求仙问道，吞服太医李玄伯制的丹药，背上生疽，误了性命。中晚唐时期，皇帝多迷恋丹药，追求长生不死。清人赵翼在《唐诸帝多饵丹药》一文中写道："统计唐代服丹药者六君，穆、敬昏愚，其被惑固无足怪，太、宪、武、宣皆英主，何为甘以身殉之？实由贪生之心太甚，而转以速其死耳。"[2]

唐朝皇帝中，唐太宗、唐宪宗、唐穆宗、唐敬宗、唐武宗、唐宣宗皆吞服丹药，不仅皇帝如此，唐代社会也多以服食丹药为时尚。1970年10月，陕西西

[1] 曾德仁、李良、金普军：《四川剑阁鹤鸣山道教摩崖造像》，《四川文物》，2004年第6期。

[2] （清）赵翼：《廿二史劄记校正》，中华书局，2013年。

3-46 剑阁鹤鸣山长生保命天尊

3-47 长生保命天尊线描图

3-48 在一次维修台基的施工中，工人在鹤鸣山岩壁下的泥土中挖出一块大石包，上面雕刻着11个巴掌大小的圆龛，龛中造像均为坐姿，头部残损，手中比画着不同动作，似在打坐静修，由此得名“内丹图”。剑阁县文管所傅玉斌先生认为“内丹图”身形清癯，与唐朝造像风格迥异，隐有北魏石窟典型的“秀骨清像”之风

3-49 鹤鸣山下的小龛，近年来，鹤鸣山屡有石窟出土

安西郊何家村窖藏出土的一千余件文物中，就有诸多炼丹的药物、药具，比如丹砂、钟乳石、石英、琥珀、金屑等，以及石榴罐、双耳护手银锅、单流折柄银铛，银罐上尚能看到“紫英五十两”“白英十二两”墨书。[1]窖藏位置在唐代兴化坊中，郭沫若先生认为是邠王府中的旧藏，齐东方先生则推测窖藏的主人为租庸使刘震。无论如何，可见当时王室、官吏炼丹之风盛行，而背后的根源，则是追求长生。

这位前剑州刺史对此并不陌生，或许，他也是一位长生的追求者，这才开凿了这龛长生保命天尊。鹤鸣山第1号龛、第3号龛主尊同样为长生保命天尊，第3号龛外龛高230厘米，宽130厘米，天尊头戴莲花冠，面容饱满，柳眉细眼，体形修长，身着宽袖长袍，站立在两层仰莲莲台上。

说起长生，道教还有位南极长生大帝，也称南极仙翁、南极真君。南极长生大帝信仰出自古老的星宿崇拜，《尔雅·释天》说：“寿星，角、亢也。”角、亢是二十八宿中东方苍龙七宿的头二宿，故郭璞注曰：“数起角亢，列宿之长，故曰寿。”[2]自周代以来，历代帝王皆祭祀寿星，明代祀典虽被废除，寿星却在民间广为流传，与福星、禄星并称“三星”。戏曲《白蛇传》“盗仙草”一章，白素贞误饮雄黄酒现出原形，将许仙吓死，之后潜入昆仑山盗仙草，不意为鹤、鹿二将发现，斗得难分难解。南极仙翁可怜白素贞一片痴心，赠以灵芝，救了许仙一命。

过去中国人的堂屋也常挂“福禄寿”画轴，两侧对联上书“福如东海，寿比南山”，南极仙翁鹤发童颜，面目慈祥，手持龙头拐杖，上挂寿桃。倘若恰逢家里老人寿辰，家人一早就用鲤鱼、猪肉祭祀，上贴红纸，儿孙整日守在香烛旁边，守护香烛不能熄灭，俗称拜“老人星”。

六丁六甲，在“靖康之耻”中蒙羞

鹤鸣山第1号龛“天尊说法图”，主尊于1947年被盗，只剩下光秃秃的凿痕，后人将唐代大词人李商隐撰写的《重阳亭序》碑移入其中。幸运的是，两侧的六丁六甲神将浮雕由于盗取不易，完整地保存了下来。他们有的头戴兜

---

[1] 田卫丽：《浅谈何家村出土医药文物与唐代道教外丹术的发展》，《文博》，2015年3期。

[2] （晋）郭璞注：《尔雅》，中华书局，2020年2月。

鋬，有的饰花蔓髻，身披铠甲，如同一位位驰骋在沙场的武将，抑或巾帼。4号龛老君说法图主尊亦不存，左右壁也雕有六丁六甲。左侧靠外壁的武将戴花蔓，戴项圈，上身披挂两当甲，上臂束袖外翻，下身着裙，左手持剑，右手抚剑，脚踏地鬼。

六丁六甲与四值功曹、五方揭谛、三十六天罡、七十二地煞、六十甲子等同属道教护法神将，据道教典籍《三才图会》记载，六甲神将为甲子王文卿、甲寅明文章、甲辰孟非卿、甲申扈文长、甲午韦玉卿、甲戌展子江，六丁神将为丁丑赵子任、丁卯司马卿、丁巳崔石卿、丁未石叔通、丁酉臧文公、丁亥张文通。宋代诗人陆游曾在抚州紫府真武殿见到过六丁六甲塑像，据他记载，六甲为男子，六丁为女子。

六丁六甲隶属真武大帝管辖，也经常帮天庭做些差事。《西游记》第七回“八卦炉中逃大圣，五行山下定心猿”，孙悟空被众天兵押去斩妖台，绑在降妖柱上，刀砍斧剁，枪刺剑刳，都伤不了身，太上老君奏请玉帝将它放入八卦炉中，以文武火煅炼，玉帝下令将孙悟空押到兜率宫，执行这个任务的，便是六丁六甲。诸葛亮也能驱使六丁六甲，《三国演义》第一百零三回“上方谷司马受困，五丈原诸葛禳星”，魏蜀两军对垒，诸葛亮在五丈原病逝，蜀军退军，司马懿传令不可追击，就是担心诸葛亮会八门遁甲，能驱使六丁六甲。

北宋靖康年间，金军围困汴京，城内守军不足，援军又被拦截，形势十万火急。负责汴京防务的同知枢密院事孙傅夜读《感事诗》，读到“郭京杨适刘无忌”之句，突然灵光一现，觉得找到了退敌之法，于是在城中找到刘无忌，在守城龙卫兵中寻得郭京。郭京自称擅长“六甲法”，募集六甲神兵七千七百七十七人，即可解汴京之围，宋钦宗赏赐金帛数万，让他招募神兵迎敌。郭京选人倒是特别，那就是看生辰八字是否配得上“六甲法”，守城的士兵选完仍不足数，又在市井无赖、地痞流氓中挑选，凑足了这支“六甲神兵”。其他人看到郭京发了财，也纷纷拉帮结派，自称“北斗神兵”“天阙大将”。

1127年正月，汴京城门打开，“六甲神兵”冲向金兵阵营，金军看到迎面来了一群衣着怪异、装神弄鬼的军队，惊诧万分，尔后毫不费力地开始了屠杀。在城楼作法的郭京见势不妙，与亲信打开城门四下溃逃。金军乘机攻入汴京，将宋徽宗、宋钦宗、皇子、皇后、嫔妃、宫女、官吏、工匠等一万四千余人俘虏到北境，这便是“靖康之变”。“六丁六甲”本是道教神将，却为宵小打着旗号招摇撞骗，徒留骂名，他们在典籍、小说中颇为常见，石窟中却极少看到。

中晚唐年间，大唐王朝走向衰落，唐朝皇帝不再以太上老君的子孙自居，皇室与道教的关系变得淡泊，偶有信奉道教者，也多以追求长生为目的。907年，朱温篡唐，建立后梁，将各州皇家宫观紫极宫改为老君庙。失去了政治的土壤，那些留着大胡子的大圣祖逐渐褪去了光环，也悄然消失在石窟之中。

3-50 第4龛“天尊说法图”龛侧的六丁六甲浮雕

3-51 六丁六甲浮雕线描图

3-52 第1号龛右壁六丁六甲浮雕

3-53 鹤鸣山《重阳亭序》碑

3-54 鹤鸣山第3、4号龛，3号龛的天尊像围绕着头光分布有“五斗星图”，有学者认为与五斗米道有关，而五斗米道便是道教前身

道教护法神

道教的护法神，除六丁六甲外，还有四值功曹、四大元帅、三十六天将、六十元辰等，他们在石窟中难得一见，倒是在古典小说中常常露面。

四值功曹是道教值年、值月、值日、值时的四位小神，功曹一职汉代始设，是太守、县令的佐吏，掌管功劳簿，道教徒或许觉得天庭中也应该有神灵记录功劳，遂创造出四值功曹。《西游记》中，四值功曹与五方揭谛、六丁六甲奉命暗中保卫唐僧，不过似乎效果不佳，唐僧还是时常被妖怪掳去。道教宣称，人间写给天庭的奏表也由四值功曹负责送达，过去道士作法时常常召唤他们，命其速速将表文送达天庭。连道士都能使唤来使唤去，可见这四值功曹的确是些跑腿的角色。

《红楼梦》第一百二十回“甄士隐详说太虚情，贾雨村归结红楼梦”，贾赦找来道士作法驱邪，在家中搭起台场供奉马、赵、温、周四大元帅，下设三十六神将。这马、赵、温、周也是道教护法神，即华光天王马元帅、赵公明赵元帅、温琼温元帅、广泽大王周元帅。四大元帅的说法不一，另一种说法用关公取代了广泽大王周元帅，即马、赵、温、关四元帅。

道教有三十六天罡之说，三十六天将可能便是受其影响出现的，即蒋光、钟英、金游、殷郊、庞煜、刘吉、关羽、马胜、温琼、王善、康应、朱彦、吕魁、方角、耿通、邓郁光、辛汉臣、张元伯、陶元信、苟雷吉、毕宗远、赵公明、吴明远、李青天、梅天顺、熊光显、石远信、孔雷结、陈元远、林大华、周青远、纪雷刚、崔志旭、江飞捷、贺天祥、高克。从名录看来，三十六天将，有的是古代武将，比如关羽、石远信；有的是神话故事的人物，比如殷郊，是《封神演义》中商纣王之子；有的则是道士，比如王善，后被尊为王灵官。更多的天将从未听说过，来历也不甚明了，道教神灵的设立本身就有很大的偶然性与随意性，这些天将恐怕也有不少糊里糊涂就成了神仙。

中国人常说“六十一甲子”，甲子是古代传统的计时方法，以十天干（甲、乙、丙、丁、戊、己、庚、辛、壬、癸）与十二地支（子、丑、寅、卯、辰、巳、午、未、申、酉、戌、亥）循环相配，由甲子至癸亥，共得数六十，即一甲子。道教把六十甲子神化，创立六十位神仙，称六十元辰，他们由斗姆统率，审查人间善恶，司值本命祸福，道观元辰殿中供奉斗姆，两旁左辅、右弼二神，周围就是六十元辰像。中国民间以十二地支与十二生肖相配，组成子鼠、丑牛、寅虎、卯兔、辰龙、巳蛇、午马、未羊、申猴、酉鸡、戌狗、亥猪，每十二年为一本命年。过去，中国人每逢本命年要到元辰殿祭拜斗姆及六十元辰，祈求平安顺遂。

上 / 剑阁老君庙造像早年被毁，头部不存，村民用泥塑出头颅，并用油漆涂抹，绘出眉目，画上官服，不过这并不影响当地人对其顶礼膜拜

下 / 徐大爷正在老君庙后锄草，他家的地就在老君庙背后，平时只要一抬头就能看到岩壁上的造像

宋

诸神之国

灵感天尊

年代	代表石窟	供养人	代表造像
宋	浙江杭州通玄觀　重慶大足南山、石門山、石篆山、舒成巖、桂花廟、聖公廟、佛爾巖　石壁寺　四川安嶽獅子巖	劉敖　何正言、楊氏　何浩　張全一、趙氏　嚴遜 楊伯高　宋美意、羅氏七六娘　王諒　道長王用之 斯敏　斯遠、古氏七四娘及兒子斯大全、斯大鄉	三清　四御　三皇　玉皇大帝　王母娘娘　紫微大帝 后土三聖母　聖祖　聖祖母　東嶽大帝　淑明皇后 天蓬大元帥　天猷副元帥　翊聖真君　佑聖真君 千里眼、順風耳　五通大帝　三百六十感應天尊 雷公電母、風伯雨師　三茅真君　劉敖坐像

两宋承唐之余绪，是道教历史上又一黄金时代，终宋一朝，道教颇受尊崇。几乎没有任何过渡，宋朝与道教便进入了甜蜜期。

宋太祖赵匡胤在陈桥驿黄袍加身，高道陈抟称他是“紫微帝星”下凡。宋开宝九年（976），宋太祖驾崩，其弟赵光义继位，是为宋太宗。太宗的皇位来得不那么名正言顺，道教站出来为太宗撑腰，积极制造舆论，说太宗即位是黑杀神的旨意。太平兴国六年（981），宋太宗封黑杀神为“翊圣真君”，与天蓬元帅、天猷副元帅、佑圣真君并称“北极四圣”或“北极四元帅”，这天蓬元帅便是《西游记》中的猪八戒。重庆大足石门山三皇洞中有“北极四圣”造像。南宋临安城中的四圣延祥观，过去也是供奉四圣的，也是临安城的十大御前宫观之一。

唐朝尊太上老君为大圣祖，宋朝也想找位尊神认亲，一如唐朝旧事，不过当时的道教并没有能与太上老君平起平坐的赵姓尊神，于是一场造神运动在宋真宗朝拉开了序幕。宋大中祥符五年（1012），宋真宗夜梦玉皇大帝传书，告知其先祖赵玄朗不久将与他相见，几天后，赵玄朗果然从天庭飘然而至。北宋亡国后，金、元禁止供奉圣祖像，流传下来的圣祖像少之又少，只在偏安一隅的大足南山、安岳狮子岩留了下来，弥足珍贵。

赵玄朗并未流行，而另外一位神灵则因为宋朝皇室的追捧走向了巅峰——玉皇大帝。玉帝本是元始天尊麾下一个跑龙套的小神，却渐渐与中国传统的昊天上帝融合，位列“四御”之首，成为仅次于“三清”的尊神。玉皇大帝的形象与“天子”不谋而合，老百姓下意识觉得，道教也应该有一位皇帝，掌管天庭，并逐渐演变为以玉帝为中心的庞大神系。

玉皇大帝与紫微大帝、勾陈大帝、后土皇地祇并称“四御”。“四御”之中，后土信仰出自中国传统的土地崇拜，道教将这位大地母亲纳入神系之中，大足南山的“后土三圣母龛”便是乡绅何正言、何浩为祈求子嗣开凿的。紫微大帝源于宇宙观，紫微星是位于上天最中间永恒不变、位置最高的星，是“众星之主”。北宋也是中国道教石窟的成熟期，除了“四御”，诸如东岳大帝、淑明皇后、王母娘娘、千里眼、顺风耳、雷公电母、风伯雨师等相继出现，甚至连上古的三皇五帝都加入进来，蔚为大观，真可谓“诸神之国”。

宋徽宗将北宋崇道之举发挥到极致，甚至得“道君皇帝”之号。徽宗宠信道士林灵素，林灵素称天有九霄，以神霄最高，内设神霄府，徽宗为神霄玉清王，号长生大帝君，下到凡间为帝，神霄府暂时由其弟青华帝君掌管，蔡京、童贯是府中仙伯、仙吏，连宠妃都是神霄府的九华玉真安妃。金人攻占汴京，宋徽宗身着紫衣道袍、头戴逍遥巾出逃，不过那些道教神灵并未能庇护他，在受尽折磨与屈辱之后，宋徽宗在天寒地冻的五国城中死去。不知道他临死之前，可否还会想起自己曾是神霄府中的长生大帝?

“靖康之难”后，康王赵构在临安即位，是为宋高宗，这个偏安一隅的王朝，自然少不了对道教的神化与鼓吹。赵构昔日从金国军营逃出，途中在磁州崔府君庙休息，梦见崔府君告知追兵将至，并以泥马送他渡江，崔府君由此受到王室推崇。浙江杭州市通玄观是南宋内侍刘敖一手创立的，观中的几龛石窟、几块石碑，为探讨宋朝皇室与道教关系提供了不可多得的史料。

如果说唐时的道教石窟还在模仿佛教，宋代道教石窟已形成独立的审美体系，柳叶眉、丹凤眼、美须髯，面容清秀、超凡脱俗，此时的道教造像已变成了中国人最喜闻乐见的形象，可称之为“最中国”的石窟。

皇帝、宦官与道士

杭州通玄观中的南宋道事

南宋绍兴二十年（1150），内侍刘敖乞一道观终老，宋高宗将他送去了三茅宁寿观典领事务，这是南宋临安城十大御前道观之一。九年后，刘敖在三茅宁寿观夜梦三茅真君，遂创建通玄观，岩壁上的石窟与宋碑，记录了这位宦官的一生。除了通玄观，临安城中的四圣延祥观、显应观也与高宗有关，对应着“四圣显灵”与“泥马渡康王”的传说——道教神圣的光环下，却隐藏着南宋王朝不堪回首的往事。

绍兴二十年，一位叫刘敖的南宋内侍

南宋绍兴二十年（1150）的一天，宋高宗赵构下朝后，内侍刘敖在宫中已经等候多时了，见到宋高宗后，他老泪纵横，言自己业已年迈，希望高宗能允他离开宫中，乞一道观终老。几年来，刘敖陈情了几次，却都被高宗以各种理由拒绝，他深知，倘若再不出宫，只怕自己这一把老骨头就要耗在宫里了。

史书中并未留下太多关于刘敖的信息，绍兴三十二年（1162），刘敖自书自撰了一块《创建通玄观碑》[1]，我们对他的了解便出自这块石碑：刘敖少时即被净身送入宫中，在宫中如履薄冰、任劳任怨，这才做到内侍一职，侍奉在高宗左右，过上了“食玉食，衣锦衣，掌宫禁，相玉宸”的生活，但这并非刘敖所愿，他自幼爱慕道教，祈望走出宫禁，进入道观清修。这一次，宋高宗同意了刘敖所请，将他送去了三茅观。

三茅观本名三茅堂，地处杭州七宝山东麓，背靠吴山，面朝钱塘江，距离

---

[1]（宋）刘敖：《创建通元观记》，见（清）阮元编：《两浙金石志》，浙江古籍出版社，2012年。

太庙仅百米。三茅堂原是杭州西山下一座简陋的道观，却因供奉三茅真君，受到宋高宗青睐。当年宋高宗为躲避金人追杀，渡江南逃，遇到大风，舟师不能行进，惊慌失措之下祭拜三茅真君，才得以脱身。多年后，高宗到吴山游玩，路遇三位绛衣人，后在茅庵中看到三茅真君像，才发现绛衣人即是真君显灵。[1]

也就是在绍兴二十年十月，宋高宗以东都三茅宁寿观旧额赐予三茅堂，令道士蔡大象主持，蒙守亮为副手，刘敖典领事务。三茅宁寿观设神御殿，供奉徽宗、钦宗、高宗皇帝，观中置有掌管文书的小吏，常年有卫兵驻守。南宋诗人陆游曾游历宁寿观，赞誉“表里湖江，拱辅宫阙，前带驰道，后枕崇阜，尽得都邑之胜……非他官馆坛宇可得而比”[2]。临安城中旧有十大御前宫观：东太乙宫、西太乙宫、佑圣观、显应观、万寿观、四圣延祥观、三茅宁寿观、开元宫、龙翔宫、宗阳宫[3]，这些道观大多为皇家斋醮祭祀之事服务，也是皇帝、后妃礼拜烧香之所，观中支出往往由朝廷出资，派遣士兵守卫。

宋高宗赐刘敖法号“能真”，赏赐福牒、紫衣。南宋朝廷认可的僧人、道士皆持有度牒，是僧道出家官府发给的凭证。僧道入牒需向朝廷缴纳费用，宋朝的度牒最先百千文一张，后涨至三百千文、五百千文，绍熙三年（1192）暴涨到八百千文一张，依旧一牒难求。朝廷还时常发行度牒充足军费，或者灾荒之年用作赈灾。“紫衣”本是唐朝三品以上官员的常服，武则天开向僧人或道士赐紫色袈裟或法衣的先河，“紫衣”遂成为朝廷给予僧人或道士的特别褒奖。

刘敖入三茅宁寿观九年后（1159）一个晚上，他做了个梦，梦见三茅真君骑着仙鹤来到七宝山，第二天清晨果然看到三只仙鹤在山中翩翩起舞。时隔一年，三只仙鹤再次飞来。刘敖觉得这是三茅真君显灵，遂“即期相地，剪莽斫荆，凿山平甚，运斤斫木”，在山中营建通玄观，并相继建造了茅君亭、玉清殿、谒斗台、放鹤亭、钵室山门、经房丹屋等。通玄观建成后，刘敖上疏宋高宗，请赵构御题门额，高宗顾念旧情，爽快地写下“通元”二字（避宋朝先祖天尊赵玄朗之讳）。也就在这一年（1162）五月，高宗将皇位禅让给了养子赵昚，也就是宋孝宗，自己过上了太上皇的逍遥生活。

---

[1]（清）丁丙 辑：《武林坊巷志》，浙江古籍出版社，2018年。

[2]（宋）陆游：《行在宁寿观碑》，见《陆游全集校注》，浙江古籍出版社，2015年。

[3] 劳伯敏：《南宋临安的道观和通玄观造像》，《杭州师院学报》（社会科学版），1987年3期。

4-1 通玄观刘敖像。倘若不是出家为道，这位宦官可能会消失在浩如烟海的史书中。石窟上方有三只仙鹤图案，对应了碑文中刘敖夜梦三鹤的记载

4-2 宋高宗对刘敖可谓恩宠有加，专门给刘敖写了几首诗，令大臣何宗亮刻在碑上

三茅真君，因宋高宗逃亡而兴

时过境迁，通玄观的琼楼玉宇早已灰飞烟灭，若不是刘敖在七宝山中找来工匠开凿了三龛石窟，通玄观恐怕也只是史书中一个地名。通玄观石窟在太庙巷紫阳小学后山崖壁上，现存4龛，其中3龛为刘敖主持开凿，即刘敖坐像、元始天尊与三茅真君，另一龛为明代道士徐道彰之像。

刘敖坐像高78厘米，他身着道袍，头戴道冠，双腿盘坐，旁有“皇宋开山鹿泉刘真人像”题记。刘敖的身旁，有一只尾巴上翘、正在欢快奔跑的鹿儿，刘敖曾梦到鹿儿饮水，果然在山中寻得一眼清泉，从此以“鹿泉”自号。龛的上方还有三只翩翩飞舞的仙鹤，周围笼罩着祥云，可能寓意着偶遇三鹤的故事。道教中的鹤常作为仙人坐骑，也是延年益寿的象征，这似乎透露着刘敖意图位列仙班的愿望。刘敖坐像右上方有个长方形龛，龛中元始天尊身着道袍，头戴道冠，端坐在莲台之上。

通玄观最大的一龛，是第3龛三茅真君龛，龛高220厘米，宽235厘米。中间的这尊头戴道冠、身着道袍，手持长柄如意，脚下有只蹲狮，右肩旁有则题记：“掌吴越司命三茅真君像”。左边的头戴束发冠，着广袖道袍，颌下有三绺长须，拱手而立。右侧的留着长须，双手笼于袖中，脚穿云头鞋，其下祥云环绕。三茅真君是宋朝守护神，刘敖夜梦三茅真君，开凿石窟，恐怕也是迎合宋高宗而已。

三茅宁寿观曾藏有宋徽宗御画的三茅真君像，刘敖典领宁寿观事务，他在找工匠开凿石窟时，是否会以宋徽宗的御画为粉本？宋徽宗的画作大多在“靖康之难”中流失，存世画作也以花鸟画为主，如果这个推测不假，通玄观似乎为了解宋徽宗画作提供了另外的可能。北京大学学者吴燕武认为：“（三茅真君）三尊造像面向远方，彼此之间又有所不同，身体的姿势与站位非常讲究与微妙。可以说，所依的画稿远非一般画工所能绘出。”[1]

三茅真君传说是西汉咸阳城里的三兄弟，老大茅盈生性喜爱修身养性、采药炼丹，十八岁时入北岳恒山修行三十载，来到茅山华阳洞隐居。茅盈的两个弟弟，茅固于汉景帝时举孝廉，累迁至武威太守；茅衷在汉宣帝时任洛阳令、

---

[1] 吴燕武：《杭州通玄观及其道教造像》，见李淞主编：《道教美术新论》，山东美术出版社，2008年。

4-3 通玄观全貌。这处石窟是内侍刘敖营建的，他在宋高宗时出家为道，有学者认为，刘敖可能侍奉过宋徽宗，他出家为道可能是对先皇的某种追忆

西河太守。茅盈得道后，茅固、茅衷弃官还家，终在句曲山寻得了茅盈，三兄弟一同在山中修道。茅氏兄弟虽潜心修炼，却关心民间疾苦，终年在茅山采集药材，制成丸散膏丹济世救人。百姓立庙祭拜，尊为大茅君、中茅君、小茅君，并将句曲山改称茅山。

南北朝时，茅氏三兄弟被道教吸收进神系，分别为司命真君、定策真君、保生真君。南宋理宗册封为“上茅九天上卿司命太元妙道冲虚圣佑真应真君”“中茅地仙上真定禄右禁至道冲静德佑妙应真君”“下茅地仙至真三官保命微妙冲慧神佑神应真君”，总称“三茅真君”。三茅真君信仰在吴越之地很是流行，民间传说他们统率吴越神仙，掌管吴越百姓生死。

茅盈、茅固、茅衷后被茅山派尊为祖师，茅山派主修《上清经》，以符咒劾召鬼神，兼行辟谷与炼丹术。可能因为茅山派善役鬼神，茅山道士在民间以捉鬼闻名，20世纪90年代屡屡成为香港鬼片中的主角。茅山也被誉为“第一福地”“第八洞天”（道教有十大洞天、七十二福地）。

4-4 三茅真君龛高220厘米、宽235厘米，中间的这尊头戴道冠、身着道袍，手持长柄如意，踩在祥云之上，右肩旁有侧题记：“掌吴越司命三茅真君像。”

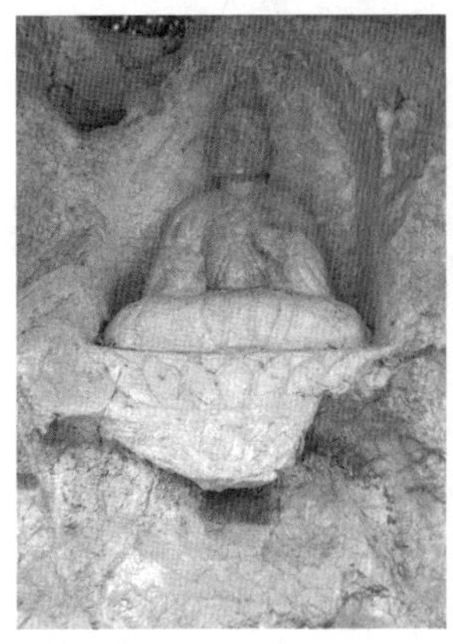

4-5 元始天尊龛高95厘米、宽64厘米、进深32厘米，天尊身着道袍，头戴黄冠，面部已漫漶不清

4-6 三茅真君窟下方的蹲狮

4-7 徐道彰像，明正德、嘉靖年间，这位道长主持重修通玄观，造像右侧有“大明重开山元一徐法师像”题记

道教光环下，隐藏着南宋王朝脆弱的心灵

宋高宗对刘敖可谓恩宠有加，不但赐度牒、紫衣，题写门额，还给刘敖写了几首诗，令大臣何宗亮刻在碑上，这块《宋高宗赐刘能真御制诗刻》幸运地保存至今，诗共三首：

简易高人道，崇元性自真。
身常居太极，心已远凡尘。
玉陛辞荣禄，瑶台役鬼神。
辛勤三十载，羡尔道心淳。

太白蘢蓯东南驰，众岭环合青分披。
烟云厚薄皆可爱，树石疏密自相宜。
阳春已归鸟语乐，溪水不动鱼行迟。
生民无不得处所，与兹鱼鸟相熙熙。

忆昔长江阻飓风，于今神马又成龙。
炎兴指日中原复，剩是茅君翊翼功。[1]

三首诗中，宋高宗对刘敖出宫为道，似乎颇有几分羡慕。他对道教应该不陌生，父亲宋徽宗，身份除了皇帝、诗人、画家、书法家，还是道人，有“道君皇帝”之称。宋徽宗一生崇道，令各州县设立道学，学习《道德经》《庄子》等道教典籍，并亲自注解《道德经》，他还自称神霄府神霄玉清王下凡，号长生大帝君，宠臣蔡京、童贯都是府中的仙伯、仙吏。金军已渡过黄河，徽宗还派遣侍者将“神霄宝轮”押送到全国的神霄宫，声称可以镇四方兵灾。金人攻破东京后，他身着紫衣道袍、头戴逍遥巾，被押上了北去的囚车。徽宗崇道失国，宋高宗不会不知，道教于高宗，可能是一种慰藉，一种寄托。

宋朝的皇帝，或多或少都与道教有些关系，高宗自然也不例外。宋人的传记中，有两则故事将他与道教联系在一起。宋人李心传在《建炎以来朝野杂

---

[1] 宋高宗：《赐刘能真御制诗刻》，见（清）阮元编：《两浙金石志》，浙江古籍出版社，2012年。

记》中写到，宋高宗赵构昔日为康王时，曾作为人质出使金国，队伍刚走出城门，有个叫招儿的奴婢看到四位金甲神人持弓箭护卫康王，赵构后询问方士才得知这是天蓬、天猷、佑圣、翊圣“北极四圣”。[1]绍兴十四年（1144），高宗敕命在临安城孤山修建四圣延祥观，供奉北极四圣，高宗生母一向信奉四圣，她慷慨地捐出了修建延祥观的费用。

《南渡录》也记载，靖康元年十一月（1126），金人分道渡过黄河、逼近汴京，康王赵构临危受命，与刑部尚书王云一起出使金将斡离不军营，以割三镇、尊金主为皇叔等条件请求议和。赵构一行北上到磁州，碰到守将宗泽，宗泽认为前有肃王一去不返，金人已兵临城下，再去议和无益，劝说赵构留在了磁州。在磁州停留时，赵构由宗泽陪同拜谒城北崔府君庙（当地人称应王祠），卜得吉签。斡离不听说康王在磁州，派遣金军前来捉拿，赵构单骑躲避，路过崔府君庙时又困又饿，在庙中小憩，迷糊之中，突然听到有人大喝：“速起上马，追兵将至矣！”康王言无马可逃，庙中又传来声音：“已备马矣，幸大王疾速加鞭！”康王跳身上马，昼夜疾行七百里，总算摆脱了金人的追兵，此时马突然僵立不动，赵构下马一看，原来是崔府君的泥马。

为了感谢救命之恩，赵构敕封崔府君为“护国显应兴福普佑真君”，在西湖畔建显应观加以供奉。南宋前往金国的使者行前常向显应观祈祷行旅平安，归来则再备祭品致谢，途中路经磁州，也要拜望崔府君。每年六月初六为崔府君诞辰，周密的《武林旧事》记载，这一天，杭州城中的百姓云集显应观进香，尔后登舟游览西湖，避暑纳凉，有的留宿湖心，直至第二日方归。

“四圣显灵”与“泥马渡康王”的故事在南宋流传很广。北宋末年，宋徽宗、宋钦宗与宗室、后室、大臣、宫女等三千余人被押送到金国，赵构本来作为使者与金国议和，却滞留在磁州，避免了被金人掠去的命运。赵构是徽宗第九子，素来没什么声望，机缘巧合当上了皇帝，迫切需要向金人以及臣民证明自己即位名正言顺。建炎二年（1128）十一月冬至，在兵荒马乱中仓促即位的宋高宗，就在江都县设坛，祭祀昊天上帝，以宋太祖配祀。此次祭祀仪式花去了“钱二十万缗，金三百七十两，银十九万两，帛六十万匹，丝帛八十万两，皆有奇”[2]，儒臣吕祖谦曾毫不客气地批判高宗在做无用功，不如把这些钱帛

---

[1] （宋）李心传：《建炎以来朝野杂记》，中华书局，2000年。

[2] （宋）李心传：《建炎以来朝野杂记》，中华书局，2000年。

用作军费。吕祖谦的话倒是不错，不过高宗于兵荒马乱中继承大统，道教既使得他在风雨飘摇之时能得到虚幻的慰藉，也是向天下证明自己政权合法性的手腕。同样，“四圣显灵”“泥马渡康王”的故事，也让康王赵构变成了皇帝赵构，君权神授的光环笼罩在这个原本默默无闻的皇子周围。

刘敖的卒年不详，倘若不是出宫为道，这位内侍可能与南宋王朝成百上千的宦官一样，在宫中寂寞终老，或者在无休止的宫廷争斗中成为牺牲品。在七宝山上，我一遍遍读着宋高宗的诗，内心充满疑问：刘敖是否侍奉过宋徽宗，并在“靖康之难”中跟随宋高宗来到临安城？出宫为道是否这位内侍对先帝宋徽宗的追忆？碑文与史书并没有提供更多线索，却给了无限的想象空间。皇帝、宦官与道士，他们的关系，为我们了解南宋道观的修建、布局、人员提供了更多翔实的资料，同样也使得我们走进了宋朝皇帝的内心——疯狂、脆弱而饱含追忆。

隐秘西南的南宋洞天

大足道教石刻

幼时看《西游记》，读到猪八戒的故事，八戒之前官居天蓬元帅，却因得罪嫦娥仙子，被玉帝贬下凡尘，才变成这副模样，当时便想这天蓬元帅该是何等威武呢？在重庆市大足区的宋代道教石窟中，我找到了答案，在南山、石门山、舒成岩那些僻静的山头，神话世界里的千里眼、顺风耳、玉皇大帝、王母娘娘也在眼前一一浮现，恍若诸神之国。道教在两宋极受尊崇，神系也在此时得到前所未有的发展，道教美术逐渐走向成熟，造像也完全成了中国人喜闻乐见的“柳眉杏眼”形象。

南山，中国最繁复精美的道教龛窟

1945年，一支由杨家骆、顾颉刚、马衡先生率领的14人考察队从陪都重庆来到大足县（今重庆大足区），顺着青石板路走进宝顶山，眼前是连崖成片的宋代石窟。几天后，考察队返回重庆，向全国宣布：“大足石刻湮没千载，此次考察队的成就，实与发现敦煌相伯仲。”“考论其价值，以为可继云冈、龙门鼎足而三。”

这次发现后，大足石刻作为中国宋代佛教石窟的代表作开始为世人所知，如今更是享誉全球的世界文化遗产，堪与敦煌莫高窟、龙门石窟、云冈石窟媲美。可有谁能知道，在这片土地上，同样诞生了中国题材最丰富、雕刻最精良的道教石刻。如今，宝顶山、北山已是游人如梭，而在南山、石门山、石篆山、舒成岩僻静的山头，那些道教神灵至今仍不为人所知。

大足县城的一北一南，横亘着北山与南山，如果说北山梵音缭绕，那么南山就是清静宁谧了。我来到南山时，狭长的石板路上铺满了落叶，踩在上面簌簌作响，一步一步引领着我走向朝拜之路。路的尽头有个古朴的院落，朱红色的木门紧锁，木门的那头，那些宋朝故事仿佛仍在活灵活现地上演着。

4-8 大足南山三清古洞堪称中国最繁复精美的道教龛窟，高391厘米、宽508厘米、深558厘米，体量庞大，雕刻精良

4-9 大足南山三清古洞局部

4-11 南山三清古洞通道两壁密密麻麻地排列着三百六十位灵感天尊。道教宣称今世的富贵荣华皆是前世供奉上元、中元、下元各一百二十天尊之果，灵感天尊恍若佛教的千佛一般，密布整窟

八百多年前的一天，潼川府路昌州大足县乡贤何正言与妻子杨氏走向南山上的玉皇观，一路上修篁夹道，古树参天。何正言找到道长，声称愿意舍地开窟。道长对这位何大官人早有耳闻，在此之前，何正言已广施功德，北山多宝佛塔中的第8、9龛，就是他捐资的。何正言生活的南宋，老百姓既信道，也信佛，佛道诸神一同庇护着芸芸众生。在县城西南二十多千米的石篆山，有个叫严逊的官人以钱五十万购买了一处庄园，延请工匠在山上开凿佛教的三身佛、文殊普贤，以及道教的太上老君与十真人。绍兴九年（1139）八月十八日，斯敏，斯远、古氏七四娘及儿子斯大全、斯大乡等，在佛耳岩开凿三教合一龛，元始天尊、太上老君、佛祖、文宣王济济一堂。佛道融合在当时的大足似乎颇为常见。

何正言捐资的这龛，就是南山第5号龛“三清古洞”，高391厘米、宽508厘米、深558厘米，体量庞大，雕刻精良，堪称中国道教最繁复精美的龛窟，纵使何正言家境殷实，恐怕也难承受开窟的开支，于是道长安排同县人张全一与他一同成了功德主。“三清古洞”中刻有两行铭文：“舍地开山造功德何正言同杨氏，开山化首凿洞张全一同赵氏。”[1]我们正是通过这则铭文，获知何正言的故事。

“三清古洞”采用中心柱窟布局，龛口立有两根龙柱，中心柱与后壁形成通道，通道两壁密密麻麻排列三百六十位灵感天尊，他们或为文官，或为武将，文官持笏板，武将双手合拢，兵器横放在腕上。道教宣称今世的富贵荣华皆是前世供奉上元、中元、下元各一百二十天尊之果，这些灵感天尊恍若佛教的千佛一般，密布整窟。

北宋末年，金人占据北方，宋朝皇室逃亡至临安（今浙江杭州），中原遗民随之南迁，其中就有不少工匠、画师。对打小就生活在大足的何正言而言，国仇家恨离他很是遥远，蜀地自古安定，纵使北宋灭亡，对他的生活也没太大影响，只是县里来了几个北方来的工匠，乡邻都说他们手艺不错，有个叫胥安的工匠，祖籍颍川（今河南禹州），在北山雕刻了转轮经藏窟，里面的宝印观音、莲花手观音、白衣观音细腻柔美，极富神韵。或许，何正言延请的也是位北方匠师，这才能将中国北方早期流行的中心柱窟布局带入大足。

“三清古洞”中心柱分上下两部分，上层正中雕三清，两侧各有一男神，

---

[1] （宋）何正言：《凿三清古洞镌记》，见重庆大足石刻艺术博物馆、重庆市社会科学院大足石刻研究所编：《大足石刻铭文录》，重庆出版社，1999年。

4-12 石篆山民间传说中的鲁班像。鲁班后来也被道教纳入了神系。也有学者认为这是佛教的志公和尚

眉清目秀，头戴冕旒，身着朝服，双手于胸前持笏板。下层造像四尊，左右对称，男神头戴平顶高方冠，手持笏板，端坐于龙头靠椅上；女神颜容美丽端庄，衣饰鲜艳华美，又有后妃之态。长期以来，关于这六尊造像的身份，学术界一直莫衷一是。四川省社科院胡文和研究员认为，四尊男神为玉皇大帝、紫微大帝、长生大帝、青华大帝，两尊女神为后土皇地祇与王母娘娘，即道教的"四御"与"二元君"。[1]美国密歇根州大学景安宁先生则提出，六尊神像应

[1] 胡文和：《中国道教石刻艺术史》，高等教育出版社，2004年。

4-13

4-14

4-15

4-16

4-14 石篆山老君与真人龛创立于北宋元丰至绍圣时期，乡绅严逊捐资，囊括了儒释道三教

4-17

4-13 石篆山老君龛中的太上老君，头戴道冠，颌下有着浓密的胡须

4-15 老君与十真人龛里的护法神，身着铠甲，手持兵器，守卫在龛口

4-16 老君龛局部

4-17 老君与真人造像线描图

为完整体系，即道经中的“六御”，而“六御”在宋代只有一种组合，即玉皇大帝、天皇大帝、北极大帝、圣祖及后土皇地祇、圣祖母。[1]

这个圣祖颇值得一说。他是宋朝皇室信奉的始祖赵玄朗，说起来还是北宋年间一桩旧事。唐朝尊太上老君为“大圣祖”，宋朝皇室祭拜起来总有点名不正言不顺，宋大中祥符五年（1012）十月，真宗自导自演了一场“历史剧”，主演是他自己，演员则是他的臣子们。真宗称梦见玉皇大帝派人传书，言祖先赵某不久将携天书下凡。果然，几天后的一个夜晚，赵玄朗天尊在众仙簇拥下飘然而至，自言是人皇九人中的一人，曾下凡为轩辕氏黄帝，是为赵姓祖先。宋朝皇室给赵玄朗上尊号“圣祖上灵高道九天司命保生天尊大帝”，以七月一日为先天节，十月二十四日为降圣节，全国休假五天，京师张灯结彩，百姓游赏宴饮。

大中祥符二年（1009），宋真宗曾下诏在全国路、州、府、军、监、关、县中设天庆观，作为官方道观，此番又诏令在观中增设圣祖殿，供奉圣祖、圣后。官员上任或离职，均要行祭拜之礼，不得骑马坐轿入门。按照惯例，玄、朗二字避讳，玄元皇帝老子改名为真元皇帝，连玄圣文宣王孔子都改为至圣文宣王。

从真宗朝开始，“六御”在宋朝国家祭祀中扮演了重要角色，他们分别对应着天地崇拜、天帝崇拜与祖先崇拜——玉皇大帝与后土是上天与大地的主宰，天皇大帝与北极大帝掌管着浩瀚的宇宙星空，圣祖赵玄朗与圣母则承载着祖先的荣光。圣祖既是赵姓的祖先，又是宋朝与玉帝之间的联系人，是宋朝政权神化的重要环节。

北宋与辽、金的对抗中一直落于下风，丢掉了北方、中原的大片领土，圣祖、圣祖母崇拜在辽金统治区无法推行。元朝更甚，至元三十年（1293）四月，元世祖忽必烈下诏捣毁各地的圣祖殿，衣着光鲜的造像被砸毁，抛出道观，元成宗更是下令，道士私藏皇宋像者可处极刑。在这样的高压政策下，盛极一时的圣祖、圣祖母造像大多被捣毁，而在偏僻的大足县却侥幸留存下来。有意思的是，毗邻大足县的安岳县狮子岩，也有一龛圣祖、圣祖母造像，居然还在岩壁留下了“圣祖”“圣祖母”题刻，这在元朝是杀头的罪名，可能是南山、狮子岩太过偏僻，元朝统治者也是鞭长莫及了。

---

[1] 景安宁：《三清古洞的主神位次与皇家祭祖神位》，见重庆大足石刻艺术博物馆编：《2005年重庆大足石刻国际学术研讨会论文集》，文物出版社，2007年。

4-18 南山后土三圣母，分别为后土皇地祇、卫房圣母和保产圣母，她们是宋代主管生育的女神

三清古洞左右龛口各浮雕六个圆龛，隐约可见螃蟹、狮子、天秤等图案，游客往往大为惊奇，这不是十二星座吗？中国古代天文学中，其实早就有十二宫的说法了，即星纪、玄枵、娵訾、降娄、大梁、实沈、鹑首、鹑火、鹑尾、寿星、大火、析木。道教以十二支辰配属十二宫，每一宫中有主神参将，主宰众生的寿命、福报、财运、灾难。现代人或用星座占卜，殊不知古人早就认为十二宫可以影响人生祸福了。

后土三圣母，何正言的希冀与烦恼

儿子何浩自幼饱读诗书，早些年通过了乡试、府试两级选拔，只是参加礼部的进士科考试未能擢第（故题记中称乡贡进士），虽说有点遗憾，倒也不劳何正言费心。在南山，何正言与何浩还捐资开凿了一龛“注生后土圣母”，她们是宋代主管生育的女神，宋人无不希望祭拜她们求得子嗣。让何正言发愁的，是否何浩未有子嗣？至少，石窟给我们提供了这样的想象空间。

后土圣母雍容华贵，头戴凤冠，身着华服，端坐在龙椅之上，左右各有一

4-19 后土三圣母

4-20 后土三圣母线描图

位女神，可能是“卫房圣母”和“保产圣母”。“卫房圣母”曾出现在明代小说《封神演义》中，姜子牙主持封神仪式，将余化龙封为主痘之神，其妻金氏封为卫房圣母元君。石窟左壁有一位身着甲胄的神将，题记显示，他是“九天监生大神”，右壁有一位身披霞帔的女子，便是“九天送子夫人”。

中国人常说“皇天后土”，后土信仰早在先秦便已出现。《礼记》说：“地载万物，天垂象，取财于地，取法于天，是以尊天而亲地也，故教民美报焉。”[1]在农耕社会，人的衣食住行都离不开大地，万物的生长也是大地的恩赐，因此对土地的崇拜便到了无以复加的程度。汉朝将祭祀后土列入国家祀典，后土成为与昊天上帝对应的大神，此后历朝历代都供奉有加。后土本是男神，古人受天阳地阴观念的影响，隋唐年间逐渐将后土塑造成女神形象，民间俗称“后土娘娘”。宋代后土信仰尤为兴盛，北宋政和六年（1116）九月，宋徽宗封后土为“承天效法厚德光大后土皇地祇”，祭祀礼仪等同玉帝，掌管阴阳生育、大地山河。

掌管大地的后土，享受着国家的祀典；而流传在民间的后土，则因为有生育、送子的神力，拥有着广泛的信仰，成为老百姓喜闻乐见的神祇，这或许也就是何正言、何浩父子捐资开凿这龛“后土三圣母”的希冀了。这倒颇符合“后土”的本意，甲骨文中的“后”字多是女性形象，有的还带有明显的乳房之形，可见“后土”本身就有生殖、孕育之意。

何正言的生活轨迹中止于1154年。在北山观音坡第1号地藏、引路王龛中，有一则“亡……何正言”题记[2]，地藏、引路王菩萨通常为亡者而开，推测何正言死于1154年前。除了这些斑驳的题记，这个乡绅并未在史书中留下更多线索，我们无法得知，他去世前是否得偿所愿，弄孙为乐？历史要感谢何正言，他的希冀与烦恼，为中国道教留下了两龛精美绝伦的佳作。

玉皇大帝，从跑龙套的小神到“四御”之首

三清古洞中心柱侧面雕了一幅“玉皇大帝巡游图”，玉皇大帝气宇轩昂，双手捧笏板，立于祥云之上。侍从有的执华盖，有的执日、月宝扇，有的高举

[1]（清）万斯大撰：《礼记偶笺》，浙江古籍出版社，2016年。

[2] 伏小六：《镌第一号地藏、引路王菩萨龛镌记》，见重庆大足石刻艺术博物馆、重庆市社会科学院大足石刻研究所编：《大足石刻铭文录》，重庆出版社，1999年。

幡、旌，有的捧瓶、盆，簇拥着玉帝前行，那派头真如古时的皇帝出巡了。

幼时读《西游记》，除了孙悟空，印象最深的就是玉皇大帝了，他住在金阙云宫灵霄宝殿中，掌管天、地、人三界，统率日月星辰、山川河流，托塔李天王、哪吒、四大天王、四值功曹、九曜星官、二十八星宿以及四海龙王、雷部诸司等都是其属下，连如来佛、观音菩萨都敬他三分。《西游记》第四回“官封弼马心何足，名注齐天意未宁”，写到了玉帝的天宫：

> 这天上有三十三座天宫，乃遣云宫、毗沙宫、五明宫、太阳宫、化乐宫……一宫宫脊吞金稳兽；又有七十二重宝殿，乃朝会殿、凌虚殿、宝光殿、天王殿、灵官殿……一殿殿柱列玉麒麟。寿星台上，有千千年不卸的名花；炼药炉边，有万万载常青的绣草。又至那朝圣楼前，绛纱衣，星辰灿烂，芙蓉冠，金壁辉煌。玉簪珠履，紫绶金章。金钟撞动，三曹神表进丹墀；天鼓鸣时，万圣朝王参玉帝。[1]

道教此前以“三清”为尊，为何《西游记》中玉皇大帝反而成了天庭的主宰？他究竟有何来头？其实，早在南北朝道士陶弘景的《真灵位业图》里，就有一位叫高上玉帝的神祇，他是元始天尊属神，位列右位第十九神阶，是个跑龙套的角色。[2]中国人历来有祭天的传统，殷商时期称天为帝或上帝，甲骨文卜辞之中，帝、上帝支配日月风雨，掌管人间祸福。西周之后，对天的称呼，又有了昊天、上天、昊天上帝等新的说法。《诗经·周颂·时迈》说：“时迈其邦，昊天其子之，实右序有周。”巡行在邦国的土地上，自称昊天的周王爱民如子，上帝佑我周室。

道教中这位叫玉帝的小神，纯属名字取得好，一来二去就与天帝、上帝、昊天上帝混淆了，唐代诗人李白、杜甫、韩愈、柳宗元、元稹常以玉帝入诗，代指天帝，如元稹就有诗云：“万里洞中朝玉帝，九光霞外宿天坛。”久而久之，传统信仰中的天帝和道教神祇中的玉帝、玉皇逐渐合二为一了。

当然，玉帝信仰的盛行还有着政治背景。北宋年间，宋真宗导演了一幕“天尊降临”的大戏，不过赵玄朗纯粹是编出来的，老百姓自然不买账，宋真

---

[1] （明）吴承恩：《西游记》，人民文学出版社，1986年。

[2] （梁）陶弘景纂，（唐）闾丘方远校定：《真灵位业图校理》，中华书局，2016年。

宗又抬高玉皇大帝的身份，以消弭唐朝“大圣祖”太上老君的影响，他在大中祥符七年（1014）九月将玉帝列为国家奉祀对象。真宗对玉帝的尊崇，在《宋真宗御制玉京集》一书中最为明显，该集收录了真宗向诸神列祖祈求、致谢的表文157道，其中49道是给玉帝的，其次为给圣祖的30道。

素有“道君皇帝”之称的宋徽宗更甚，史书记载他常梦中与玉帝相见，后来干脆把玉帝与昊天上帝合为一体，上尊号“太上开天执符御历含真体道昊天玉皇上帝”，将玉帝纳入国家祭祀体系之中。自宋徽宗以后，中国历代帝王对玉皇大帝并不感兴趣，重新供奉昊天上帝，说来也奇怪，玉皇大帝信仰却在民间扎下了根，成为老百姓最信奉的道教尊神。究其原因，中国封建社会皇帝一直是最高统治者，老百姓下意识觉得，道教也应该有一位皇帝，如同人间一般掌握着天庭，并逐渐演变为以玉帝为中心的庞大神系。

王母娘娘，总是与百姓有距离感的女神

《西游记》中，王母娘娘是玉皇大帝夫人，她住在瑶池仙境，在蟠桃园亲手种下能延年益寿、长生不老的仙桃，每年举办一次蟠桃会，宴请天庭中的各路神仙。不过这个蟠桃会常常惹出是非，天蓬元帅就是在蟠桃会喝醉，调戏嫦娥，这才被玉帝贬下凡尘；孙悟空听说自己不在被邀请之列，面子上挂不住，这才有了之后的大闹天宫。

大足中敖镇长源村有座桂花庙，庙中有个石包，环绕石包开凿4龛石窟，分别为王母娘娘、地藏菩萨、三世佛、东岳大帝。[1]石包在一场暴雨中崩塌，从山上滑落到村里，掩埋在泥土中，直到1983年才被掏出来。村里人说，这是天上的神仙下凡了，遂在旁建了个简陋的小庙供奉香火。王母娘娘窟高170厘米、宽150厘米、深190厘米，王母在束腰座上结跏趺坐，头扎发髻，身披道袍；左右站立一宫女，上身着对襟短衣，下身着裙，石窟上部有五位腾云驾雾的仙女，缥缈如瑶池仙境。

王母娘娘来自西王母信仰，在上古神话中，西王母住在昆仑山，是掌管灾疫与刑罚的女神，相貌如人，却长着一口虎牙，拖着豹尾，旁边站立着三只青身红头黑眼的大鸟。到了汉代，西王母的形象和蔼了不少，司马相如的《大人

[1] 李小强：《大足道教石刻论稿》，重庆出版社，2016年。

赋》把西王母描绘成一位慈祥的老太太，世人传说西王母掌管着不死药，汉人无不幻想着死后能升入仙境，遨游昆仑山，甚至连中央政府都有官员专司西王母的祭祀。在出土的汉代画像砖、画像棺上，我们常常能看到这样的场景：西王母端坐在龙虎座上，世人梦寐以求的不死药，由活泼的玉兔、蟾蜍不停捣制，三足乌、九尾狐往来穿梭；生着双翼、长着长耳、赤身裸体的仙人自在遨游……

这样的女神，道教自然要大肆宣传。道教宣称西王母本是元始天王与太元玉女的女儿，名九光元女，天上、天下女子成仙得道者，都隶属她管辖，是道教地位最高的女神，居住在“昆仑之圃，阆风之苑。有城千里，玉楼十二，琼华之阙，光碧之堂，九层玄室，紫翠丹房，左带瑶池，右环翠水”[1]。西王母的神话流传得久，世人也就不断给她婚嫁张罗，先是把她许配给了黄帝，后来又嫁给了东王公，待到玉皇大帝主宰天庭后，又将她献给了玉皇大帝为后，这便是读者们熟悉的王母娘娘。

中国的神话故事中常常写到王母娘娘，不过其形象却不见得光彩。《天仙配》中，王母娘娘得知织女下凡与牛郎相恋后，拔出头上的金簪，划出一道无边无际的天河，把这对恩爱夫妻拆开；月宫仙子偷偷把月宫桂树的果实撒向人间，使凡人得以延年益寿，王母娘娘就把她贬作蟾蜍。这些神话故事口口相传，王母娘娘凶恶、孤僻的形象也就随之在百姓心目中扎下了根，甚至令人联想起封建社会的恶婆婆。

在长源村，我遇到几个烧香的老婆婆，她们在王母娘娘窟前烧了些香烛，便转身离开了，尔后到村子东边的小庙里给观音烧香。她们在这里停留了许久，有个姓张的婆婆一边哭，一边和观音拉起了家常：媳妇过门后不下地干农活，前几天放到抽屉里的几百元钱不见了，硬赖着说她拿的，她一个老人家要钱干什么，希望观音菩萨主持公道。同样是女神，为何老百姓宁愿拜外来的观音，而不愿意亲近本土的王母娘娘呢？恐怕是王母娘娘在神话传说中的形象可憎，老百姓对她没有什么感情，相反，佛教的观音菩萨进入中国后，便以和蔼可亲、有求必应的形象俘获了中国人，尤其是广大女性的心灵。道教一度曾想让吕洞宾替代观音，做中国女性的“妇女之友”，不过男女有别，终究也只是一厢情愿罢了。

---

[1]（宋）李昉等编：《太平广记》，中华书局，2003年。

石门山三皇洞，中国道教造像的绝巅

南宋绍兴十七年（1147），在大足县郊外的石门山，乡人杨伯高为故去的父亲杨文忻开凿了一龛玉皇大帝像，玉帝柳叶眉、丹凤眼，颌下一缕长须，头戴冕旒，身着圆领长袍，双手捧笏板。龛外有则题记："男杨伯高，伏为故先考杨文忻，镌造真容一身供养，其故父享年八十岁，于丙寅绍兴十六年十月二十六辞世，丁卯二月十□日记。"杨文忻享年八十岁，杨伯高在龛口刻下慈父的形象，他头扎方巾，身着尖领窄袖衣，手持念珠——这是南宋百姓的常见装束。

石门山的这龛玉皇大帝规模不大，倒是龛口高182厘米的神将很是威武，肌肉健壮，青筋突起，近乎赤身裸体。左边的千里眼眼睛硕大，瞪得如铜铃一般，似在张目远望；右边的顺风耳全神贯注，似正聆听着千里之外的动静。千里眼、顺风耳是玉皇大帝耳目，他们出现在龛门，以示玉皇大帝洞察世事，明

4-21 石门山三皇洞外景

4-22 三皇洞内景

4-23 三皇像线描图

4-24 三皇洞中的文官像面容清秀，丹凤眼微睁，柳叶眉上挑，超凡脱俗的仙家风范扑面而来

4-25 文官像线描图

察秋毫。

《西游记》第三回“四海千山皆拱伏，九幽十类尽除名”，孙悟空潜入东海，找龙王借兵器，寻得如意金箍棒，之后大闹地府。龙王、冥王到玉帝处告状，千里眼、顺风耳才道出齐天大圣原来是“三百年前天产石猴”，《封神演义》第九十回“子牙捉神荼郁垒”里，也有棋盘山桃精柳鬼高明、高觉借轩辕庙顺风耳、千里眼刺探周朝军情，让姜子牙一筹莫展的情节。

石门山位于石马乡石门村，从大足城区出发，东行约20千米，公路旁有个锈迹斑斑的指示牌——“石门山”，从这里走上一条机耕道，路的尽头，竹林掩映着一个古朴的四合院，这就是石门山了。石门山虽是世界文化遗产，却终日铁门紧锁，没什么游客，很少有人知道，这个僻静的小院在中国道教石窟史上的价值——石门山现存道教石窟四龛，除了玉皇大帝，还有三皇洞、东岳大

4-26 石门山隐藏在大足一个小院落中，有佛教也有道教，这面崖壁上除了玉皇大帝，尚有佛教的水月观音与阿弥陀佛龛

4-27 天蓬元帅像

4-28 天蓬元帅像线描图

4-29 石门山千里眼、顺风耳造像，其上为玉皇大帝龛

帝宝忏经变、五通大帝，每一龛都是独一无二的佳作。

三皇洞也称圣府洞，高301厘米、宽390厘米、深780厘米，是大足乃至中国道教石窟体量最大者，被誉为“中国道教造像的绝巅”。石门山诸多石窟中，三皇洞营建最晚，当时山中崖面已经开凿殆尽，但洞窟的营造者似乎不想改变设计，右壁用石条砌墙，勉强完成了洞窟营建，却也留下了隐患。[1]清乾隆六十年（1795）夏日的一个夜晚，三皇洞窟顶与右壁在暴雨中坍塌，虽于当年修复，但几十尊精美绝伦的造像或不知所终，或身首异处，或仅存一手一

[1] 李淞：《对大足石门山石窟宋代10号窟的再认识》，《2009中国重庆大足石刻国际学术研讨会论文集》，2013年。

4-30 石门山三皇洞中的佑圣真君（右二），头戴凤翅冠，身着锁子甲，胸前有护心镜，右手在腹前仗剑，站立在龟蛇之上

足，徒留半壁遗憾。

三皇洞正壁雕刻三皇，关于他们的身份，有天皇、地皇、人皇，天官、地官、水官诸多说法，而又以天、地、人三皇之说最为流行。三皇柳叶眉、丹凤眼，头戴通天冠，冠两侧垂黈纩，外着宽袖大袍，项下系有方心曲领，双足着舄，端坐于龙椅之上。左壁上层雕有二十八位天人像，或男或女，或坐或立，或怀抱如意，或手捧笏板，对应二十八星宿；下层有五位儒雅文静、柳眉杏眼的文官，或戴冲天幞头，或戴直角幞头，或戴通天冠，可能是太昊氏、颛顼氏、祝融氏、轩辕氏、金天氏。

三皇洞中名气最大的，便是天蓬元帅了，也就是读者熟悉的猪八戒。《西游记》里，八戒本是天蓬元帅，却因调戏嫦娥，触犯了玉帝，这才被贬下凡尘，变成这副模样。落魄前的天蓬元帅，那可是威风八面：身披铠甲，怒目横眉，三面六臂，执钺斧、弓箭、剑、铎、戟、索六件神器。

三皇洞中还有三位护法神将，即天猷副元帅、佑圣真君、翊圣真君，与天蓬元帅合称“北方四元帅”“北极四圣”。天猷副元帅的名号早在陶弘景撰写的《真诰》中便已出现，宋时逐渐形象化成武将。拿三皇洞这尊来说，它三面四臂，一手持长矛，一手仗剑，一手于胸前持物，一手握拳置于龙头上。佑圣真君即玄武大帝，他头戴凤翅冠，身着锁子甲，胸前有护心镜，右手在腹前仗剑，站立在龟蛇之上；而翊圣真君，就是当年助太宗登位的黑杀神，这尊造像早年断为三截，全身甲胄仍隐约可见。

东岳大帝宝忏，中国唯一的道教经变

1945年，考察队在宝顶山岩壁上发现了诸多经变石刻，比如父母恩重经变、观无量寿经变、地狱经变等。所谓经变，是将佛经中的故事以通俗的口语或绘画、雕刻的形式表现出来。宋代的寺院中，出现了唱经变的人，用富有韵味的唱词唱出佛经故事，有时还在旁边挂上一幅经变画，以招揽信徒。这种风气也影响了道教。在石门山，道教徒也雕凿出他们的经变故事，便是这龛珍贵的东岳大帝宝忏经变。

东岳大帝宝忏经变以连环画一般的场景，表现了东岳大帝坐镇的铁围城的阴森恐怖：东岳大帝头戴朝天幞头，身着圆领朝服，端坐于龙头宝座上，夫人淑明皇后身着翟服，凤冠霞帔，耳垂珠珰；70余尊头戴幞头、双手持笏板的文官围绕着东岳大帝夫妇，他们是记录世间善恶的有司，世人生前犯下的罪孽早已由它们记录在案；最下方的地狱场景早已斑驳不堪，面目可憎的鬼卒若隐若现。

东岳大帝的信仰来自中国古老的山岳崇拜，夏商时期，古人就有祭拜山川的传统，因泰山位居五岳之首，历代王朝都格外重视祭祀泰山，故“封禅”大典也在泰山举行，并以此作为国家鼎盛、天下太平的象征。此后，民间传说东岳大帝又掌管幽冥地狱，主宰生杀大权，《云笈七签》记载：“东岳太山君领群神五千九百人，主治死生，百鬼之主帅也，血食庙祭所宗者也。世俗所奉鬼祀邪精之神，而死者皆归泰山受罪考焉。”[1]传说泰山地狱有十八层，后来又说有三十六层之多，不过具体内容倒是语焉不详。

[1] （宋）张君房编，李永晟点校：《云笈七签》卷八十，中华书局，2010年。

4-31 石门山东岳大帝宝忏经变龛全景

4-32 东岳大帝宝忏经变线描图

4-33 东岳大帝宝忏经变中的有司，头戴幞头、双手持笏，世人生前犯下的罪孽，早已由它们记录在案

道教创立之初，宣扬通过修行羽化成仙，御龙神游，本是没有地狱观念的。佛教传入中国之后，也把“地狱”这个恐怖的世界带给了中国人，梵语中，地狱本指“不自在”“无有”，翻译到汉语中才用“狱”字，意为人死后进入地狱受罚之意。大约在唐代，掌管地狱的地藏菩萨一跃成为佛教最受欢迎的尊神，数不胜数的地藏造像是对认同地狱观念最好的注脚。

南北朝时，道教接受了佛教的地狱观念，道经中时有地狱的描述，不过一直未能形成完整体系。除了东岳大帝掌管的泰山，酆都也被认为是地狱所在地，由酆都北阴大帝掌管，鬼魂经罗酆山六天宫审判，根据生前的罪行被押往二十四地狱。[1]

[1] 据《三珠洞囊》卷七，二十四狱为：山上八狱，即监天狱、平天狱、虚无狱、自然狱、九平狱、清诏狱、玄天狱、元正狱；中央八地狱，即玄沙北狱、皇天狱、禁罚狱、玄沙狱、形正狱、律令狱、九天狱、清泠狱；山下八地狱，即无量狱、太真狱、玄都狱、四十九狱、天一北狱、河伯狱、累劫狱、女真狱。

4-34 东岳大帝宝忏经变，主尊为东岳大帝与淑明皇后

南宋年间，东岳信仰在大足颇为流行。2006年，大足干旱，中敖镇洪溪村里的水库水位下降，水中石包上露出一个高90厘米、宽160厘米的龛窟，东岳大帝头戴直脚幞头，面相富态，胡须浓密，身着圆领宽袖袍服；淑明皇后头戴凤冠，披云肩，双手置于身前长巾中。

石门山第7号龛五通大帝龛，大帝高192厘米，广额深目，狮鼻阔口，头戴束发冠，着圆领宽袖长袍，左脚做金鸡独立状立于一风火轮之上。五通大帝又称木下三郎、木客、独脚五通、五显神、五郎神等，是民间传说的妖邪之神。《夷坚丁志》中留下了不少五通大帝的传说：它能使人不劳而获，因此常为世间小人供奉，希望天降横财；他又喜好淫乐，时常变成美男子、士大夫的模

4-35 中国迄今发现的唯一一尊独脚五通大帝造像

4-36 舒成岩紫微大帝窟，紫微大帝头戴通天冠、双耳侧垂黈纩，项下系方心曲领，手捧玉圭立于胸前，天蓬、天猷、佑圣、翊圣“四圣”分列左右

4-37 紫微大帝窟中，天猷副元帅威武的面庞若隐若现

4-38 紫微大帝龛旁的侍者，侍者早年被毁，现存造像是清人泥塑的

样，或根据世人喜好幻化变形，或变成猴、龙、蛤蟆，妇女遭其奸淫后往往精神恍惚，痛苦不堪。宋大观年间，宋徽宗曾赐庙额“灵顺”，不过旋即废止，政和元年（1111），开封府毁神祠一千三十八，五通、石将军、妲己庙均因是淫祠被废除。[1]

传说五通大帝能使人暴富，如同财神，因为这个缘故，它在民间也常被供奉，称为“五路财神”，尤其是在商业发达、人口密集的地区，宋代徽州、苏州、福州纷纷出现五显庙。在江西婺源，许多村庄至今仍看到五显庙，有的村庄甚至不止一座。许多城市庙虽不存，但也留下了诸如“五显庙街”“五显村”这样的地名。五通大帝信仰虽然广泛，石窟中却极为少见，石门山的这龛，堪称绝品。

柳眉杏眼，中国审美改变印度石窟

舒成岩位于大足十城西北10千米的中敖镇山坡上，几丛竹林之中，有个仿古的木房子，石窟就雕凿在房中石包上，环绕石包分布着紫微大帝、东岳大帝、淑明皇后、玉皇大帝等龛窟。文管员龙光文的孙女从山下跑来开门，阳光如水银泻地般照进房子，一阵风吹过，竹影扶疏，满窟风动。

舒成岩同样开凿于南宋绍兴年间。绍兴二十二年（1152），曾任大足县押录一职的王谅，在舒成岩掌岩道长王用之的安排下，找来工匠伏元俊、伏元璋，开凿了一龛东岳大帝。押录是县押司与录事的合称，可见当时大足的官吏，似乎也是信奉道教的。王用之还留下了一首劝人行善的偈语：“舒成岩洞建春台，贵使邦人仰上合。小善莫轻无福故，因缘会遇应还来。”

绍兴二十二年，大足若子乡琼林里一个叫宋美意的，因妻子罗氏七六娘患有眼疾，久治不愈，也到舒成岩发愿敬造淑明皇后像，说来也奇怪，罗氏的眼疾不久就痊愈了。第二年三月，宋美意捐资的淑明皇后完工，他唤来工匠，刻下了一则题记。劝人行善的王用之、为妻祈福的宋美意，我时常想，如果把他们写进道教史，那这部道教史是不是最接地气？

紫微大帝头戴通天冠，双耳侧垂黈纩，项下系方心曲领，手捧笏板立于胸前，足踏云头靴，靴下有方形踏几，天蓬、天猷、佑圣、翊圣“四圣”分列左

[1] （清）徐松辑：《宋会要辑稿》，中华书局，1987年。

4-39 舒成岩造像雕刻在一块巨石之上，环绕石包分布着紫微大帝、东岳大帝、淑明皇后、玉皇大帝等龛窟

右。紫微大帝的信仰来源于古时的宇宙观，《晋书》记载：“紫宫垣十五星，其西蕃七，东蕃八，在北斗北。一曰紫微，大帝之座也，天子之常居也，主命主度也。”[1]紫微星是位于上天最中间永恒不变、位置最高的星，是“众星之主”，因此也被视为天子的象征。《封神演义》中，周文王嫡长子姬伯邑考为救父远赴朝歌，惨死在纣王手里，死后被封为“中天紫微北极太皇大帝”，唐太宗李世民据说也是紫微大帝转世。

由于位列“四御”，紫微大帝在道教的地位也非同一般，他统领北极四圣、日宫月府、五曜星君、左辅右弼、三台星君、二十八宿、六十甲子等，协助玉皇大帝执掌天经地纬、日月星辰及四时节气。

紫微大帝仪表堂堂，衣饰华美。昔日读《宋史》，里面写到宋朝皇帝在大朝会、大册命等典礼时的穿着：“通天冠，二十四梁，加金博山，附蝉十二，

---

[1] （唐）房玄龄等撰：《晋书》，中华书局，1974年。

高广各一尺”“绛纱袍，以织成云龙红金条纱为之，红里，皂褾、襈、裾，绛纱裙，蔽膝如袍饰，并皂褾、襈。”[1]与眼前的紫微大帝颇为类似。淑明皇后头戴凤冠，双肩罩云形霞帔，周身绕有披帛，与《宋史·舆服志》中记载的皇后、王妃的华服也别无二致。宋代道教石窟将王室的服饰融入其中，为研究古代服饰史提供了生动的资料。

舒成岩的玉皇大帝头戴冕旒，双耳侧垂黈纩。冕旒相传为黄帝所创，是中国古代级别最高的礼冠，顶有延，形状前圆后方，象征天圆地方；延的前后檐垂有珠玉，称为旒。《周礼》记载，天子之冕十二旒，诸侯九，上大夫七，下大夫五。此后，冕旒逐渐成为皇帝的专利，在不同的场合戴的冕旒也不相同：天子祭上帝的大裘冕与天子吉服的衮冕用十二旒，祭四望山川服毳冕用七旒，祭社稷五祀服希冕用五旒，祭群小祀服玄冕用三旒。黈纩悬于冠冕之上，垂两耳旁，以示不欲妄听是非。

舒成岩造像的容貌历来备受称道，东岳大帝、紫微大帝丰满圆润，柳叶眉，丹凤眼，颌下一缕短须。我蓦地想起三皇洞左壁有一排手持笏板的文官，他们面容清秀，丹凤眼微睁，柳叶眉上挑，超凡脱俗的仙家风范扑面而来。在中国传统绘本、小说中，柳叶眉、丹凤眼、美须髯一直是国人喜闻乐见的形象。《三国演义》中的关羽，“身长九尺，髯长二尺，面如重枣，唇若涂脂，丹凤眼，卧蚕眉”；《水浒传》中美须髯形象也不少，最著名的就是梁山泊排行第十二的“天满星美髯公朱仝”，因似关云长模样，人称美髯公。诚如重庆大足石刻博物馆研究部主任李小强先生所言，在古代小说家眼中，柳叶眉、丹凤眼和美须髯的形象基本上是正面人物，这些面部特征集中展现了古人对具有正义、才华、智慧等正面人物的认可，也体现出道教神灵所具备的神格，代表了信众对神灵的期盼。

石窟艺术传入中国之初，那些高鼻深目、留着八字胡须的佛像一度占据了中国人的心灵，并在北方岩壁上留下了诸多造像。根源于中国本土的道教，虽然借鉴了石窟艺术的形式，却一直不遗余力地加入中国元素，时至宋代，这样的改造最终完成。在舒成岩、石门山，哪里还能看到异域的影子？那些国人耳熟能详的形象出现在岩壁上，形成了中国人独特的审美体系。源于印度的石窟艺术，在古老的东方国度悄然改变。

---

[1]（元）脱脱：《宋史》，中华书局，1985年。

4-40 舒成岩玉皇大帝与侍者。由于宋朝王室的推崇，玉皇大帝从过去跑龙套的小角色，一跃成为“四御”之首

4-41 舒成岩玉皇大帝龛线描图

4-42 大足舒成岩玉皇大帝龛局部

4-43 舒成岩三清龛。有意思的是，太上道君的脚下雕刻了一双鞋，佛教徒是赤足的，而道教徒是穿鞋的，这是中国文化影响石窟造像的又一例证

4-44 舒成岩三清龛线描图

雷公 电母 风伯 雨师

大足宝顶山是中国著名的宋代佛教石窟群，却也夹杂着几龛道窟，最大的一铺高700厘米、长约680厘米，塑造的是道教俗神——雷公、电母、雨师、风伯。雷公兽首人身，手持巨锤，身边有鼓七面；电母双手各执一宝镜，有电光从镜中射出；风伯头戴幞头，颌下长须飘拂，双手抱风袋；雨师乘坐在飞龙之上，左手执露盘，右手执拂尘，似乎正向人间洒下甘霖。

雷神信仰出自自然崇拜，古人看到乌云滚滚，电闪雷鸣，遂想象出有雷神在主宰一切。《山海经》中即有雷神："雷泽中有雷神，龙身而人头，鼓其腹，在吴西。"史书中的雷神形象多变，有认为人首龙身，也认为猪首鳞身，明清时期，雷神的形象逐步确立下来——"今俗所塑之雷神，状若力士，裸胸袒腹，背插两翅，额具三目，脸赤如猴，下颏长而锐，足如鹰鹯，两爪更厉，左手执楔，右手持槌，作欲击状。"[1]

早期雷公兼司雷、电二职，中国人历来喜欢拉郎配，又创造出电母作为它的配偶，也称闪电娘。明人余象斗撰写的《北游记》中，电母也叫朱

[1]（清）黄伯禄辑：《集说诠真续编 集说诠真体要》，学生书局，1978年。

佩娘，雷公给了她两面雷电镜，两口子经常吵架，只要一吵架，天上就电闪雷鸣。

风伯来自星宿崇拜，称风伯方天君。《风俗通义》记载："风师者，箕星也。箕主簸扬，能致风气。"箕星是二十八星宿中的东方苍龙七宿之一，古人认为此星能兴风。箕星主风，毕星主雨，毕星是西方白虎七宿第五宿，古人认为此星主宰雨水。《诗经·小雅》中有"月离于毕，俾滂沱矣"之句，月儿接近毕星，大雨就滂沱降落。雨师常常是一乌髯壮汉模样，左手执盂，内盛一龙，右手若洒水状，称雨师陈天君。

雷公、电母、风伯、雨师几位俗神，又以雷神为尊，广东雷州有个雷公庙，大雷公头戴冠冕，身着红袍，身边侍立天兵天将。道教又将轩辕氏黄帝尊为"九天应元雷声普化天尊"，总部为神雷玉府，下设三十六天内院中司、东西华台、玄馆妙阁、四府六院及诸各司，诸司中有三十六名雷公，其中以邓、辛、张、陶、庞、刘、苟、毕八位最为有名。

《西游记》第八十七回"凤仙郡冒天止雨，孙大圣劝善施霖"，天竺国凤仙郡久旱不雨，孙悟空就找九天应元雷声普化天尊求助，天尊点了邓、辛、张、陶四人与闪电娘子一起助大圣一臂之力，他们在凤仙郡上空电闪雷鸣，不一会儿，风部、云部、雨部也赶到凤仙郡，一场瓢泼大雨从天而降，总算解了凤仙郡燃眉之急。

上 / 宝顶山雷公兽首人身，手持巨锤，身边有鼓七面；风伯头戴幞头，颌下长须飘拂，双手抱有风袋；雨师乘坐在飞龙之上，左手执露盘，右手执拂尘

下 / 直至民国年间，大足依旧能看到道教造像，图为宝顶山民国年间的玉帝地母窟

石门山三皇洞代表着中国道教石窟的最高水准，五位文官造像或戴冲天幞头，或戴直角幞头，或戴通天冠，可能是太昊氏、颛顼氏、祝融氏、轩辕氏、金天氏

上 / 石门山隐藏在大足石马乡一个古朴的四合院中，清晨，文管员打开木门，阳光如流水一般洒进院子

中 / 石门山文管员蒋德才扛着锄头，走进院子，透过院门，里面的千里眼、顺风耳隐约可见

下 / 大足中敖镇山坡上，几丛竹林之中有个仿古的木房子，石窟就雕凿在房中一个石包上

元

全真风云

三清窟藻井

年代	代表石窟	供养人	代表造像
元	山西太原龍山	宋德芳　秦志安　李志全	虛皇　三清　六御　王重陽　全眞七子　宋德芳

元代是道教在中国历史上的又一个高峰，历代君王或多或少都与道教有着千丝万缕的联系；而在长江以北的金朝，道教也是欣欣向荣，民间相继出现了太一道、大道教、全真教三大道教宗派。

太一道由卫州（今河南卫辉）人萧抱珍于金熙宗天眷初年（1138）创立，行“太一三元法箓之术”，崇信太一神，太一神是秦汉以来传统的统御五方五帝的天神，传说位于天之中央，下临中原。大道教由沧州人刘德仁创立，奉《道德经》为经典，将《道德经》中的理论通俗化，教化民众。刘德仁的教义颇受金廷赏识，他还被赐予“东岳真人”之号，这是当时朝廷对道士的最高赐号。太一道、大道教均在元代走向衰落。

全真教出现的时间最晚，日后却成为元代最大的道教宗派。全真教由王嚞创立，他便是《射雕英雄传》中王重阳的原型。王嚞是陕西咸阳大魏村人，从小饱读诗书，渴望考取功名，却屡试不第，后弃文习武，终得武举，但仕途坎坷，四十七岁还只是名小吏。心灰意冷的王嚞转而投身道教，他自称于金正隆四年（1159）在甘河镇遇到汉钟离、吕洞宾两位神仙，传授修道口诀，后入终南山修炼，三年后东出潼关，赴山东半岛传道，赢得了不少信众，其中最著名的有七人，即马钰、谭处端、丘处机、王处一、刘处玄、郝大通、孙不二，也就是“全真七子”。丘处机在“全真七子”中年纪最小，却一手将全真教推向了顶峰，王重阳辞世后，他事实上成为全真教的领军人物。

公元十三世纪，蒙古人在呼伦贝尔草原迅速崛起，马蹄撼动了整个欧亚大地。此时，南宋、金、西夏三足鼎立的状态由于蒙古铁骑的南下迅速土崩瓦解，上演了一出出金戈铁马、刀光剑影的历史大剧。金朝、南宋与蒙古都注意到了崛起的全真教势力，纷纷抛来橄榄枝，丘处机婉言谢绝了金、南宋的邀请，答允了成吉思汗的召见。

蒙古太祖十五年（1220）正月，丘处机率领十八弟子北上，爬高山，涉大川，跨戈壁，历经两年多跋涉，来到大雪山（今兴都库什山）成吉思汗的军营。成吉思汗对丘处机以七十三岁高龄赴诏之举十分赏识，尊为“神仙”，闲暇之时常咨询养生治国之道。明确的政治立场使得全真教在元代走向鼎盛，至丘处机弟子尹志平掌教时，全真教宫观已遍布北方，道徒众多，全真教也成为当时中国最大的道教宗派。

当年随丘处机北上的宋德芳（号披云子，世称披云真人），在山西太原龙山重振昊天观，延请工匠开凿石窟。与早期道教石窟不同，全真教热衷为王重阳、“全真七子”等祖师造像，在中国道教石窟史上可谓独一无二。宋德芳是元代道教的传奇人物，在丘处机辞世后的很长一段时间，他执掌全真教大旗。宋德芳与弟子历时六载，搜罗散佚道书七千卷，编纂《道藏》；他还主持了山西芮城纯阳祠的修葺，这座道观，便是著名的永乐宫。

那些与全真教有关的石窟
太原龙山

《射雕英雄传》《神雕侠侣》是国人熟悉的两部武侠名著，小说中的中神通王重阳力克东邪、西毒、南帝、北丐，夺得《九阴真经》，他的徒弟“全真七子”也是江湖中的风云人物。中国历史上确有全真教存在，他由王嚞（号重阳子）创立，是金元时期中国北方势力最大的道教宗 派。全真教热衷于塑造王重阳、“全真七子”等祖师形象，在山西太原龙山之巅开凿了诸多龛窟，它们不仅成为人们了解全真教的窗口，也为元代道教石窟提供了独特的造像题材，这也是中国北方最大的道教石窟群。

太原龙山，全真教道长宋德芳

公元1234年的一天，全真教道长宋德芳应蒙古平阳行省丞相胡天禄之邀，率门徒云游在山西太原府龙山上。就在这一年，蒙古与南宋联军攻破了金国蔡州城（今河南汝南），金哀宗将王位传给完颜承麟后自缢身亡，完颜承麟也在乱军中被杀，金国灭亡。连年的战火使得北方、中原地区百姓流离失所、民不聊生。龙山上曾有座昊天观，颓败荒凉、破败不堪，见不到一个道人。

在龙山之巅，宋德芳在荒草中找到两龛道教石窟，纵然已久无人问津，真人的眉目却清晰可见。拂拭石刻，隐约可见“宋全”二字，许是这个“宋”字让宋德芳觉得冥冥中自有天意，他让弟子打扫破败的道观，打算重振昊天观。这段历史，记载在蒙古中统三年（1262）《玄都至道披云真人宋天师祠堂碑铭并引》石碑上，撰写者为“门人前进士虚舟野人太原李鼎”[1]，距离宋德芳到龙山不过二十余载，应该是颇为可信的。

---

[1] 金 李鼎：《玄都至道披云真人宋天师祠堂碑铭并引》，见薛瑞兆编著：《金代艺文叙录》，中华书局，2014年。

说起全真教，读者可能并不陌生，金庸的小说《神雕侠侣》中便有不少故事：杨过入全真教习武，道士赵志敬只练口诀不教招式，以致杨过考核时被打得皮开肉绽；小说初版中小龙女被尹志平玷污了清白，等到她上山寻仇之时，全真教道士的武功也不甚高超。小说中的全真教，似乎总不算光彩；而历史上的全真教，却显赫无比。金朝初年，中国北方先后产生了萧抱珍创立的太一教以及刘德仁创立的大道教。[1]全真教创立的年代最晚，却大有后来居上之势，元代太一道、大道教相继衰落，全真教更是跃居中国第一大道教宗派。

从1234年开始，宋德芳与门人李志全、秦志安陆续营造了虚皇窟、三清窟、卧如窟、披云子窟、玄门列祖洞等，并在窟中留下诸多题记，完工于1239年。有了宋德芳的坐镇，元代的龙山成为中国道教名山，无数石匠在岩壁上往来上下，开凿道教尊神，当风掠过的时候，整个太原城似乎还能听到那一声声叮叮当当的凿石声。

从日本学者的照片中，追忆昔日面容

元朝灭亡后，龙山石窟再次陷入沉寂。1920年11月，日本学者常盘大定与关野贞到天龙山寻访北齐佛教石窟，听当地人说对面的龙山也有石窟，这才意外发现了龙山石窟。常盘大定留下了最早的存照：荒草萋萋的山头，突兀耸立着几个石包，自上而下、由西向东分布着9个龛窟，石包上爬满了枯藤与野草，四野杳无人迹，荒野中的这些道教神灵已经很久没有享受到人间香火了。1924年，常盘大定又邀请日本庆应大学学生宁超武系统拍摄龙山造像。而自日本学者两次考察之后，龙山石窟造像头颅大多被盗割，至今下落不明。

龙山距离太原市区20千米，属吕梁山脉支系，山上松柏苍郁，环境清幽，沿着长长的石梯攀上山巅，沿途看不到一个游客，时有老鸦悲鸣，叫声回荡在空寂的山谷中。

龙山石窟中，第1窟位置最高，高235厘米、深305厘米，窟中造像有21尊之多，遗憾的是头颅几乎不存，我们只能从常盘大定的照片中去追忆他们昔日的面容：天尊面相清瘦，颌下一缕长须及胸，于坛基之上趺坐，双手笼在袖中，圆形身光环绕它的身体，光中生有五道云气纹。石窟左右壁雕出朵朵祥

---

[1] 卿希泰主编：《中国道教史》，四川人民出版社，1996年。

云，20位头戴芙蓉冠、身披道袍的真人，双手笼于袖中，并排站立在云端，飘然恍若仙境。

石窟完工后，宋德芳颇为自得，留下了这则题记，部分文字隐约可见："……丹台瑶林，以游以息，云浆霞馔，以饮以食。其动非心，其翔非翼。听不以耳，闻乎无穷。视不以目，察乎无极。此皆无祖无宗，不始不终。含和蕴慈，愍俗哀蒙。谨录此语，庸示区中。自甲午春，至乙未冬，三洞功毕，东莱披云，□□功石。"[1]甲午为蒙古太宗六年（1234），乙未为太宗七年（1235），这段墨书题记出自唐朝高士吴筠的《宗玄集》。

1220年，丘处机曾率十八弟子远赴大雪山接受成吉思汗召见，常盘大定据此认为第1窟即为丘处机与十八弟子造像，四川省社科院胡文和研究员进而提出此窟为十八弟子以及参与开窟的秦志安、李志平像，不过似乎并无根据。《山西通志》将此窟命名为"虚皇"，或许更为妥当，《真灵位业图》中，元始天尊又名"虚皇道君"，是道教第一尊神，频频出现在古人诗作中，宋代诗人陆游《江上观月》写道："诗成莫驾长鲸去，自是虚皇白玉京。"

第2号三清窟高266厘米、深360厘米，正壁有一长台，元始天尊、灵宝天尊、道德天尊并排趺坐其上。道德天尊头戴芙蓉冠，面相温和慈祥，颔下有浓密的"V"形胡须。从常盘大定的照片来看，元始天尊灵宝天尊造像面相清

[1] 张明远：《太原龙山道教石窟艺术研究》，山西科学技术出版社，2002年。

5-1 龙山三清窟，高266厘米、深360厘米，正壁有一长台，元始天尊、太上道君、太上老君并排趺坐其上，两侧为六御，正中的三清如今只有太上老君尚完好无缺

5-2 龙山石窟三清像

5-3 从常盘大定的影像档案中可以看到正壁完整的三清像

5-4 三清窟太上老君造像，头戴芙蓉冠，面相温和慈祥，颌下有浓密的“V”形胡须

癯，眉清目秀，飘然有道家仙气。1924年之后，元始天尊与灵宝天尊的头颅遭盗割。

三清窟左右壁雕刻六位坐像，他们头戴道冠，身披道袍，双手笼于身前，足踏四方形踏脚。按照道教神阶，“三清”之下有“六御”，时至元朝，宋朝的圣祖、圣祖母被剔除于“六御”之外，元朝的“六御”最终成为固定组合——统御万天的玉皇大帝、统御万神的勾陈大帝、统御万星的紫微大帝、统御万类的青华大帝、统御万灵的长生大帝、统御万地的后土皇地祇。三清窟中的六位坐像中，五位蓄有胡须，只有一位面容清婉，她是否就是“六御”中唯一的女性后土？

龙山为何得名，不得而知，而龙山石窟中的诸多龙纹，却让这座山与“龙”有着不解之缘，其中又以三清窟最为精彩绝伦，在中国美术史与雕刻史上有着极高价值。三清窟藻井雕刻五条飞龙，四条分居藻井四角，拖尾徘翔，龙首回顾，顾盼于处于正中的龙；正中的这条张牙舞爪，昂首向前直冲窟门，腾云驾雾似要冲天而去。它们可能是《遁甲开山图》中所载的“五龙”，即木仙角龙、火仙徵龙、金仙商龙、水仙羽龙四兄弟，以及土仙宫龙。

除了三清窟，虚皇窟、玄门列祖洞、披云子自赞窟的藻井也雕有繁复的龙纹。为何龙山石窟中频频出现龙的图案？这或许要从龙与道教的关系说起。《易经》中不乏“潜龙勿用”“飞龙在天，利见大人”之说；《庄子·逍遥游》也说，“藐姑射之山，有神人居焉。肌肤若冰雪，绰约若处子。不食五谷，吸风饮露。乘云气，御飞龙，而游乎四海之外。”[1]道教根源于中国传统文化，创立之初便继承了中国古代龙崇拜——龙是道教“三斩”（其余为虎斩、鹿斩）之一，道士往来天地之间，需要借助龙的帮助；驾驭飞龙云游四海，也是道教徒的人生理想。

第4窟高180厘米、深216厘米，三壁设有坛基，上雕天尊、真人，正壁天尊头戴道冠，脸型方正，嘴唇上有八字胡须，穿着宽大的道袍，于宝座上结跏趺坐。第5窟正壁雕一天尊二真人。《山西通志》认为这两龛为元真与三天大法师龛，三天大法师即张道陵，他于东汉末年在蜀中创立了五斗米道。

王重阳、全真七子，恍如步入全真教祖庭

龙山其余石窟则与全真教有关。第3号卧如窟高215厘米、深342厘米，一位老者躺在正中的台基上，左手拂腮而卧，形容枯槁，身形瘦削。这里相传是“披云子卧化地”，老者也由此被认为是宋德芳卧像。不过，龙山石窟中已有披云子自赞窟，作为全真教的祖庭，自然不应该漏了祖师爷王重阳，老者更可能是王重阳才对。

在《全真教祖碑》中，我们也不难找到线索。金大定十年（1170）正月，

[1]（宋）吕惠卿：《庄子义集校》，中华书局，2009年。

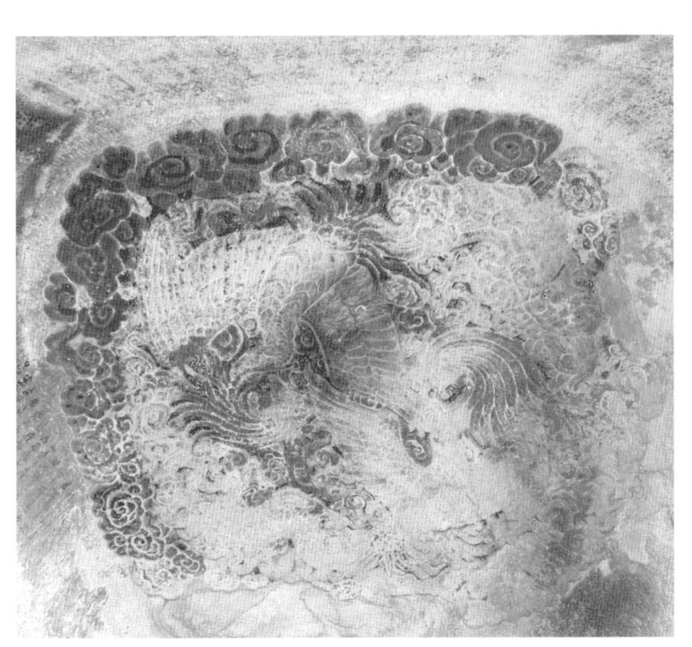

5-5 三清窟藻井精美绝伦的龙纹，道教与龙一直有着神秘的关系，道士往来天地之间，需要借助龙的帮助

5-6 披云子自赞窟藻井的凤纹，精巧秀丽，气势恢宏

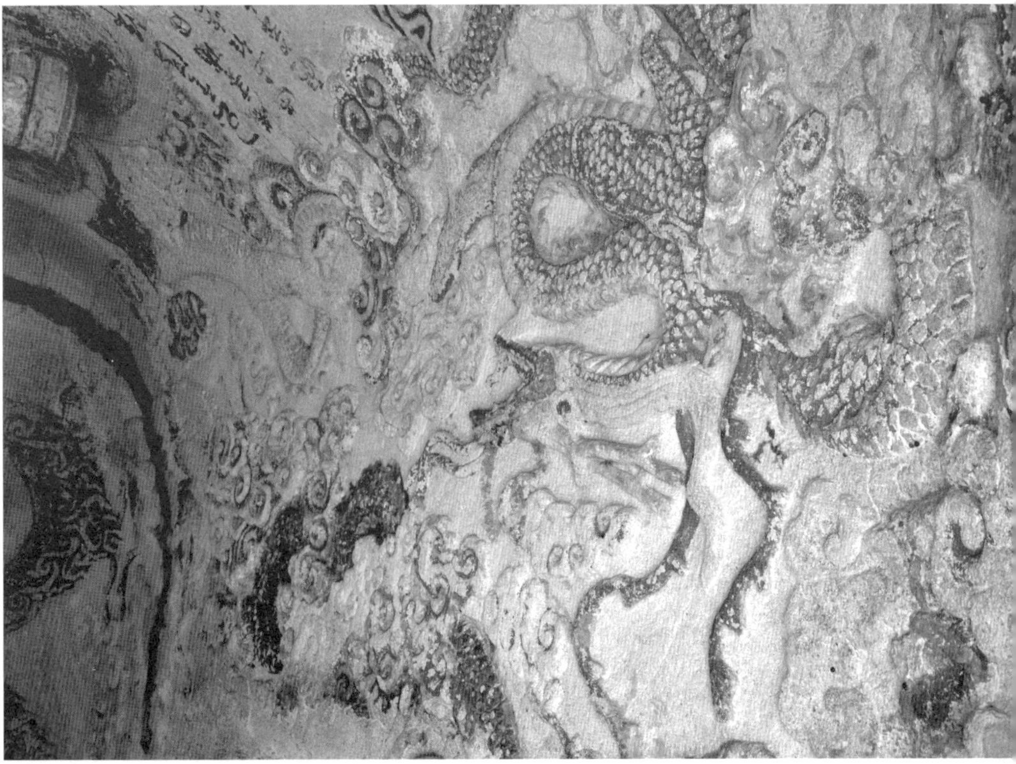

王重阳与弟子路过大梁（今河南开封），在一王姓人家中寄宿。时逢除夕，王重阳自觉大限将至，与众弟子一一告别，“枕左肱而卧，众皆号恸”[1]。王重阳羽化时枕左臂长眠，与窟中老者姿势颇为吻合。《金莲正宗仙源像传》中描绘的王重阳，浓眉大眼，面有虬须，也与老者神似。

相信大家对王重阳并不陌生，《射雕英雄传》第一次华山论剑时，东邪黄药师、西毒欧阳锋、南帝段智兴、北丐洪七公与中神通王重阳在华山大战七天七夜，最终王重阳击败东邪西毒南帝北丐，夺得“天下第一高手”之称和武学宝典《九阴真经》。王重阳病逝后，江湖人士为得到《九阴真经》明争暗斗，这也是贯穿小说的一大线索。

历史上确有王重阳其人，本名王嚞，陕西咸阳大魏村人，面若白玉，生有美髯，身长六尺，气宇不凡。王嚞早年参加礼部科考未举，后弃文习武，中了武举，不过史书中并没有太多他武艺惊人的记载，恐怕也不像《射雕英雄传》描绘得那般神奇，倒是文采还不错，一生写诗词超过千首，弟子编为《全真集》前后集刊行，大多是劝人行善修行的，比如这首《南乡子》：“好纸造成鸢，占得风来便有缘。放出空中云外路，无边，休恋椿儿用线牵。端正莫教偏，仰面人人指点贤。从此逍遥真自在，如然，断却丝麻出世缠。”[2]

王嚞中了武举后当了个小官，四十八岁那年辞官解印，遁入玄门，号重阳子，从此蓬头垢面，放浪形骸，自名王害风。王重阳自称在甘河镇（在今西安鄠邑）遇到仙人吕洞宾、汉钟离传授真绝，入终南山修炼，掘地为穴，自称“活死人墓”，并在四隅各种海棠一株，人问其故，他回答说：“欲四海教风为一家耳。” 在“活死人墓”中待了三年，王重阳到终南山下的刘蒋村结庐而居，四年后一把火烧了茅屋，东出潼关，从此开始了创立全真教的历程。

玄门列祖洞是龙山最大的一窟，分为前后两室，前室宽396厘米、深174厘米；后室宽374厘米、深382厘米，窟中有七尊真人坐像，对应“全真七子”。常盘大定来龙山时，“七真”已湮没在荒榛之中，其中五尊头像尚存，丘处机头戴莲花冠，身着对襟衣，上唇留有八字胡，下颌一缕长须及胸，隐有飘然超脱之气；孙不二头戴花冠，眉宇间又展示出女子的恬静之态。如今，“全真七子”的头颅全部被盗割。

---

[1] （金）金源琦：《全真教祖碑》，见（清）张金吾编纂：《金文最》，中华书局，1990年。

[2] （金）王嚞：《南乡子》，见唐圭璋编：《全金元词》，中华书局，1979年。

5-7 第3号卧如窟高215厘米、深342厘米，一位老者躺在正中的台基上，左手拂腮而卧，形容枯槁，身形瘦消，为全真教祖师王重阳之像

5-8 常盘大定拍摄的卧如窟，当年窟壁有不少墨书题记

5-9 卧如窟中的右侧侍者，其身份至今尚未确定

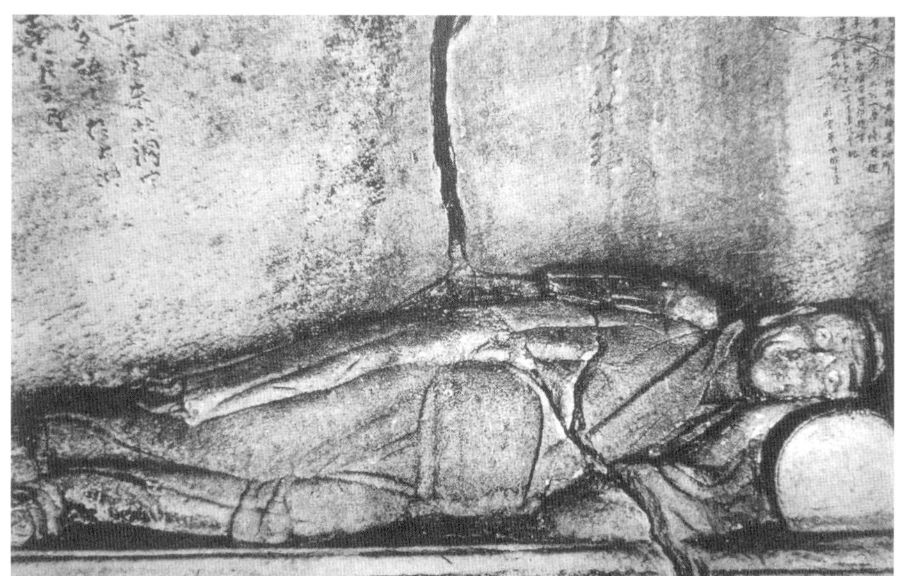

纵然王重阳神功盖世，《射雕英雄传》中“全真七子”的武功却不甚高明，王重阳闭关后，“全真七子”仅凭天罡北斗阵与东邪西毒相搏，占不到什么便宜。《神雕侠侣》里，“全真七子”的武功就更不值一提了，谭处端被欧阳锋所杀，马钰病逝，“全真五子”在玉虚洞中苦修“七星聚会”，不料跟小龙女交手，郝大通、王处一、孙不二、刘处玄皆中剑负伤，可谓狼狈至极，难怪黄药师数次称他们为“脓包”。

这是小说中的“全真七子”，真实的“全真七子”又如何呢？金世宗大定七年（1167），王重阳在山东创立全真教，赢得不少信众，其中七人为嫡传弟子，即马钰（丹阳子）、丘处机（长春子）、谭处端（长真子）、王处一（玉阳子）、郝大通（太古子）、刘处玄（长生子）和马钰之妻孙不二（清静散人）。

王重阳传教之初，弟子们也是将信将疑，并由此产生了诸多传奇故事。马钰本是宁海州（今山东牟平县）富豪，人称“马半州”，见王重阳仙风道骨，便延请回宅。为了试试王重阳的本事，马钰让人将他锁在屋中，每天只送一次食物，时值隆冬，王重阳在里面吟诗练字、打坐练功，马钰大为叹服。谭处端有次醉卧风雪感染风疾，四处访医也不见效，王重阳让他抱着自己的双腿睡觉，谭处端顿时觉得身体有股热流涌动，大汗淋漓，第二天清晨风疾便痊愈了，从此将王重阳奉若神灵。这正是全真教历史上著名的“投谭捉马”。

王重阳仙逝后，“全真七子”在北方继续讲道，并创立诸多门派，其中马钰创立遇仙派，丘处机创立龙门派，谭处端创立南无派，刘处玄创立随山派，郝大通创立华山派，王处一创立嵛山派，孙不二创立清静派，全真教一时宫观林立，门徒众多。

玄门列祖洞前室曾有两位护法天王，他们似成年男子大小，身材魁梧，手握长剑，上身着铠甲、覆披膊，腰系护肚，腹下有短鹘尾，脚套长靴，本是中国道教护法神中难得的精品，却不知何时被连根铲除，只剩下两躯光秃秃的凿痕，守卫着头颅荡然无存的“全真七子”。

丘处机，一手将全真教推向顶峰

丘处机在全真七子中年纪最小，却一手将全真教推向了顶峰。他父母早丧，由兄嫂抚养成人。成年后的丘处机对功名利禄并不在意，也不肯谈婚论嫁，倒是对道家玄学颇感兴趣，遂拜王重阳为师。王重阳仙逝后，丘处机来到

5-10 龙山全真七子窟旁的护法天王，已被盗割

5-11 护法天王线描图

磻溪（今陕西宝鸡一带）修行。磻溪曾是西周开国元勋姜太公隐居之地，丘处机在磻溪苦行六年，日乞一食，行乞一蓑，经受“大饿二十二回，小饿无数”，吸引了诸多信徒拜访问道，在“全真七子”中最负盛名。

金朝末年，金朝在与蒙古的对抗中逐渐落于下风，南宋又颇为孱弱，丘处机此时显示出了他的过人之处，他婉拒了金、宋两国君主的邀请，接受成吉思汗召见，于蒙古太祖十五年（1220）正月率十八弟子自莱州（今山东莱州）启程北上，宋德芳正是随他北上的十八弟子之一。

丘处机觐见成吉思汗的经历，由弟子李志常撰成《长春真人西游记》一书，书中记载了沿途的自然景观、风土人情、地理物产，叙事条理清晰，文笔简约流畅，历来被研究蒙元史、中西交通史的学者重视。在阴山，“忽有大池，方圆几二百里，雪峰环之，倒影池中，师名之曰天池”。在阿里马城，“农者亦决渠灌田，土人惟以瓶取水，戴而归。及见中原汲器，喜曰：‘桃花石诸事皆巧。’桃花石，谓汉人也”。[1]桃花石，本是北方草原民族对中原人民的称呼，东罗马史家已有论及，但如此确凿的记载还是首次。

成吉思汗对丘处机以七旬之身赴诏之举颇为感动，对其礼遇有加，称为“神仙”，从此蒙古军营对丘处机均以“神仙”相称。成吉思汗向他求教长生不死之药，丘处机坦言长生的要诀在于修身养性、清心寡欲，不在长生之药。成吉思汗命人记下，并时常训诫皇子。

一年后，丘处机返回中土，虽然战事频繁，成吉思汗还是派出五千骑兵相送，并连下三道圣旨，赐予虎符、玺书，免除全真教庵观大小赋税，命丘处机掌管天下出家人，还情意绵绵地问候：“你春月行程别来至夏日，路上炎热艰难来，沿路好底铺马得骑来么？路里饮食广多不少来么？你到宣德州等处，官员好觑你来么？下头百姓得来么？你身起心里好么？我这里常思量着神仙你，我不曾忘了你，你休忘了我者。”[2]

明确的政治立场使得全真教迅速得宠，加之此时大道教、太一教业已式微，全真教一跃成为北方势力最大的道教宗派，寺观楼台遍布名山大川。丘处机曾欣喜地对弟子说：“千年以来道门开辟，未有如今日之盛！”

丘处机的西游，也让更多百姓免于杀戮。蒙古军此前每攻克一座城池常将男女老幼尽数屠杀，丘处机觐见成吉思汗后，常用道家的清静无为向他进言，

---

[1]（元）李志常撰：《长春真人西游记》，上海书店，2013年。

[2]（元）李志常撰：《长春真人西游记》，上海书店，2013年。

“太祖时方西征，日事攻战。处机每言欲一天下者，必在乎不嗜杀人”[1]。忽必烈创立元朝后，丘处机弟子尹志平凭借虎符、玺书庇护了许多人的生命财产。小说中的丘处机，武功不算深厚；历史上的丘处机，却凭借一己之力挽救万民于水火——这才是真正的“大道”。

丘处机东归后住在燕京长春宫，八十岁时羽化，这里后来成为龙门派祖庭，被誉为全真教“天下第一丛林”。明永乐皇帝曾亲临长春宫，希望能一睹丘祖灵柩，忽然一团白云从墓门涌出，长春宫由此更名为白云观。乾隆皇帝也曾为丘祖殿题过对联：“万古长生，不用餐霞求秘诀；一言止杀，始知济世有奇功。”白云观是中国北方著名道观，观里有灵官殿、三官殿、财神殿、玉皇殿、救苦殿、药王殿、邱祖殿诸多建筑，又以邱祖殿为中心，殿中供奉丘处机塑像。

相传正月十九是丘处机生日，也称“燕九节”，传说前一日晚上，丘处机将降临凡间，化身为仕子、官吏，或装成游人、妇女，或打扮成乞丐重返故居，如果有缘相见，即可获得无上福报。十八日，观中已熙来攘往，车水马龙，有人彻夜不眠，躲在僻静的角落里，祈望能偶遇神仙。明人吴宽在《燕九日诗》中写道：

京师胜日称燕九，少年尽向城西走。
白云观前作大会，射箭击球人马吼。
古祠北与学宫依，箫鼓不来牲醴稀。
如何义士文履善，不及道人丘处机！

历史上的尹志平是赫赫有名的道人，他祖籍河北沧州，字大和，道号清和子。尹志平早年追随马钰，后问《易》于郝大通，受箓法于王处一，金明昌二年（1191）拜丘处机为师，位列十八随行弟子之冠。1227年，尹志平从丘处机手中接过全真教掌门一职，此时蒙古尚未一统中国，他路过陕西，据寨自保的百姓纷纷下山归附；在太行山，山上的土匪强盗听了他的教化，竟丢下屠刀成为良民。他掌教期间，全真教兴盛一时，弟子遍布于河北、河南、山东、山西、陕西、甘肃等地，金代大诗人元好问撰写的《清真观记》，就有“黄冠之

---

[1] （明）宋濂等撰：《元史》，中华书局，1976年。

人，十分天下之二，声焰隆盛，鼓动海岳”[1]之赞。尹志平活到八十三岁无疾而终，让位于李志常。

石窟、壁画、道藏，全真教留给中国的瑰宝

第6窟也称披云子自赞窟，塑造了宋德芳与门人李志全、秦志安讲经论道的场景，正中的宋德芳头戴芙蓉冠，鼻梁直挺，颌下有三缕长须；李志全与秦志安上身着对襟衫，下身着裙，似正专心聆听恩师教诲。

这一窟被称为披云子自赞窟，源于窟中这则题记：

披云自赞。这个形骸许大，已是一场灾祸。被谁节外生枝，强要幻成那个。更分假象真容，便是两重罪过。只因眼病生华，毕竟有个甚么。自戊戌春至己亥秋工毕。门人李志全稽首作颂。

5-12 虚皇洞，洞中的虚皇即元始天尊，两壁雕刻20位头戴芙蓉冠、身披道袍的真人，遗憾的是，这些真人的头颅已大多不存

[1]（金）元好问：《清真观记》，见《元好问文编年校注》，中华书局，2012年。

5-13 常盘大定拍摄的虚皇洞真人像

石窟戊戌（1238）春动工，到己亥（1239）秋完工，历时一年有余。秦志安也在此窟留下一则题记：

披云仙翁，玄门中龙。德如之何，太华之峰。节如之何，徂来之松。九龄悟道，遍礼琳宫。千里求师，密契真风。阐玄化于阴山之外，续琼章于火劫之终。炼谭马三阳之镜，筑丘刘八极之钟。玉树重芳于海上，金莲复秀于山东。直待养成千年鹤，一声铁笛紫云中。门人舜泽秦志安焚香敬赞。

宋德芳九岁学道，后师从丘处机，跟随他觐见成吉思汗，是全真教仅次于尹志平的人物，难怪秦志安会对恩师不吝赞美之词了。

披云子自赞窟右壁雕刻一门，门中一童子正聚精会神聆听讲法。这类大门半掩的图式往往被称为“妇人启门”，早在汉代画像棺上就已出现，辽、金、宋、元时更是墓葬中经久不衰的题材，既起到装饰效果，又暗示着假门之后尚有庭院或房屋，大有“庭院深深深几许”的意境。不过，“妇人启门”虽在墓葬中常见，此前却从未出现在石窟中，这是中国文化影响石窟艺术的又一实例。

1237年，焕然一新的昊天观落成，宋德芳想起恩师丘处机曾与自己聊起宋末羽檄纷飞，道经散佚之事，遂与门人一道搜集、储藏、刻印道经。消息一传出，便得到胡天禄的支持与资助，这项庞大的工程持续了六年之久，搜罗散佚道书七千卷，包括“三洞三十六部之零章，四辅一十二义之奥典”的元朝《道藏》，最终由宋德芳与弟子编校而成。元朝《道藏》收罗遗经，包罗万象，于宋、金乱世保存了大量道教典籍、符箓，在中国历代《道藏》的编纂中起到了承上启下的作用。

宋德芳的另一项功绩，便是主持重修山西芮城纯阳祠。1240年，宋德芳路过永乐镇中条山，看到破落的纯阳祠里祖师爷吕洞宾塑像，心生感慨，遂召集道徒商议重修，并更名为大纯阳万寿宫（因地处永乐镇，也称永乐宫）。1252年，丘处机的又一弟子潘德冲主持永乐宫，到1256年他辞世前，永乐宫的主体建筑无极殿、纯阳殿、重阳殿业已完工，而殿中壁画尚在绘制中，直到元朝灭亡时仍未停止。

永乐宫壁画共1000平方米，其中无极殿“朝元图”描绘了280多位道教神仙浩浩荡荡拜会元始天尊的场景。他们之中，有威仪的帝君、飘逸的真人、剽

5-14　三清窟六御像局部，常盘大定拍摄

5-15　三清窟两侧的六御，右侧可能是后土皇地祇，是六御中唯一的女性

5-16 三天大法师窟，高180厘米、深200厘米，三壁设有坛基，雕刻道教创始人张道陵及其子张衡、孙张鲁之像

5-17 三天大法师窟，窟中主尊为创立五斗米道的张道陵

5-18 常盘大定拍摄的三天大法师窟，两侧的真人当时尚保存完整

悍的力士、婀娜的仙女、活泼的金童玉女以及五岳、四渎、八仙、十二元神、二十八星宿等，男女老少，壮弱肥瘦，动静相参，疏密有致。纯阳殿的《纯阳帝君仙游显化之图》由52幅连贯的图画组成，记录了全真教祖师吕洞宾一生的灵异传说，尤其是那幅《钟离权度吕洞宾图》，钟、李二人坐在石坡上，苍松古柏若隐若现，潺潺溪流从远处流来，山花野草遍地，既是一幅传神的肖像画，又是一幅写意的山水画。重阳殿用连环画一般的形式描述了王重阳从降生到度化“全真七子”的故事，画中以宫殿、市场、山野、园林、街市为背景，再现了元人的生活。永乐宫壁画题材丰富，画技高超，被誉为中国道教寺观壁画的扛鼎之作，这也是宋德芳及全真教留给中国文化的又一瑰宝。

龙山石窟雕像头部大多被盗割、损毁，却依旧在中国道教石窟史上占据着一席之地，窟中雕像或立、或卧、或坐，完全是元代道人修行、生活的写照。尤为重要的是，此前道教石窟多雕刻元始天尊、太上老君，龙山却将全真教祖师像纳入造像体系，可谓绝无仅有，也为后人了解、研究全真教提供了不可多得的实物资料，原本停留在小说中的形象，活灵活现地出现在我们眼前。历史上的全真教留下了诸多江湖恩怨情仇，也留下了诸如石窟、道藏、壁画等文化瑰宝，它们如同流星一般划过元朝短暂的星空，熠熠生辉，传承至今。

5-19 龙山石窟外景，龙山石窟是中国北方已知的最大的道教石窟群，其题材与全真教有关

5-20 常盘大定拍摄的龙山道教石窟外景

明

天子之道

文昌帝君（梓潼帝君）

年代	代表石窟	供养人	代表造像
明	北京延慶燒窑峪　四川洪雅荷王寨　四川巴中廣佛洞 卧牛山　龍潭子　四川安嶽三仙洞　山東肥城玉皇洞	張可述　龔嵩　陳淑曉　陳倘　李氏　陳完　孫氏 陳喬　何氏　陳判　付氏　李積　王氏　李原 付氏　李金選　安氏　李金孚　慕正春　慕正德 慕正魁　李现　李時極　陳氏　李時光　徐聘　徐成	眞武大帝　龜蛇二將　文昌帝君　碧霞元君　送子娘娘 眼光娘娘　薩眞人　王靈官　天地水三官　太乙救苦天尊 北斗七元眞君　南斗六司眞君　四瀆源王　呂洞賓　雷霆都司

明代是中国道教发展的又一个高峰，明太祖朱元璋即位之前，梦见天上现出“三清”，授予他五彩华服。道教的“君权神授”，连当过和尚的朱元璋也不能免俗。明成祖与道教的关系更是密切，他起兵“靖难”时声称得到真武大帝相助，使得真武大帝流传在大明帝国的每一寸土地上。大帝与皇帝，神权与皇权，自古以来的界限似乎都那么模糊。

嘉靖一朝是明代崇道的高峰。明世宗朱厚熜自幼体弱多病，登基后也时常患病，对道教长生之术很是向往。明世宗为炼制长生不老的丹药，酷虐宫女，差点被宫女勒死，史称“壬寅宫变”（亦称“宫婢之变”）。这次宫变并未能让明世宗从道教的梦中醒来，他从此移居西苑，深居简出，连祭祀、庆典仪式都由大臣代行，自己则潜心修炼，祈求长生。

明世宗做斋醮时要写奏章，以青藤纸写朱字，称为青词，大臣投其所好，顾鼎臣、夏言、严嵩、徐阶、李春芳、袁炜、高拱等人都因青词写得好，先后入阁为宰辅，时人讽之为“青词宰相”。《万历野获编》“嘉靖青词”录入了一段袁炜写的青词：“洛水玄龟初献瑞，阴数九，阳数九，九九八十一数，数通乎道，道合元始天尊，一诚有感；岐山丹凤两呈祥，雄鸣六，雌鸣六，六六三十六声，声闻于天，天生嘉靖皇帝，万寿无疆。”[1]如此不堪入目的青词，却令明世宗龙颜大悦，那些撰写青词不力者，则落得或下狱或罢官的下场。

由于明世宗的推崇，道教在中国走向了顶峰，中国大地上道观林立，道士众多，似乎空气中都飘荡着浓郁的香火味，传统的“三清”、玉皇大帝仍有着广大信徒，而文昌帝君、碧霞元君这些新晋的神祇倒也不落下风。明代文昌帝

---

[1] （明）沈德符撰：《万历野获编》，中华书局，1959年2月。

君信仰流行，有“文昌，先天之孔子也；孔子，后天之文昌也”之说，将道教文昌与儒家至圣孔子相提并论而碧霞元君与送子娘娘、催生娘娘、眼光娘娘、金花娘娘，能送子嗣、送健康、送财富、送丰收，老百姓到泰山祭拜碧霞元君，竟如同看到久别的父母一般痛哭流涕。明代也是中国道教神系大发展的时期，中国历史上的许多武将、诗人、工匠、画家被纳入道教神系，甚至连佛教的观音也披上了道袍，得名“慈航真人”。

浓郁的道教氛围也影响到明代的文学、绘画、戏剧创作，使其打上道教的烙印。明代是中国小说的繁荣期，道教的兴盛促成了神魔小说的盛行，涌现出一大批以神仙鬼怪为题材的作品，《西游记》即产生于此时。此书写的虽是唐僧师徒西行取经的故事，却也写到了玉皇大帝、王母娘娘、天蓬元帅、龙王等道教神祇。明代书商余象斗著《北游记》四卷二十四回，叙述真武大帝得道降妖的故事；又撰《南游记》，叙述马灵官华光修道救母之事。《封神演义》则将中国历代流传的道教神仙做了一个大梳理，以通俗文学的形式影响了一代代中国人。《封神演义》的作者，据已故版本学家孙楷第考证，便是明代道士陆西星。

不少道教人物也在此时被搬上了舞台，比如吕洞宾、铁拐李、许逊、孙思邈、丘处机等。谷子敬著《吕洞宾三度城南柳》，叙述吕洞宾度化柳树精之事；无名氏所作《许真人拔宅飞仙》，演义许逊斩除蛟龙救民于水火之事；贾仲明的《丘长三度碧桃花》，则写丘处机点化妓女碧桃花之事。明代绘画以山水画最盛，花鸟画次之，《明画录》《画史会要》中有多位善于作画的道士，比如张宇初、冷谦、汪三宝，而道教的取法自然、清静无为，也影响了以沈周为代表的明代画家，使其作品中呈现出飘逸之气。

天子脚下的道教故事
北京烧窑峪

明朝崇道尤盛，是继唐、宋之后道教的又一盛世。明太祖即位前曾梦见“三清”授予五彩“真人服”与宝剑，暗示“君权神授”；明成祖起兵“靖难”时声称得到真武相助。本是“四象”之一的北方真武被尊为真武大帝，他俨然明成祖的影子，在帝国的每一寸土地上流传着。作为明朝的都城，北京最能体察大明王朝的政治脉搏，延庆烧窑峪孤山中的道教石窟，也就成为我们翻开明代道教史的引子。

明朝与道教，难解难分的因缘

明代是继唐宋之后，道教在中国的又一个高峰，从明太祖开始，这个王朝就与道教结下了不解之缘。明太祖朱元璋登基前，有天晚上做了个梦，梦的细节在《御制纪梦》一书中有着详备记载。[1]朱元璋梦见自己回到了凤阳老家，空中隐约可见一朱色木台，台上坐着“三清”，数名紫衣道人授予他五彩“真人服”及冠、履、剑。朱元璋曾做过和尚，称帝前没梦见释迦牟尼佛，倒梦见“三清”来了。这似乎可以说明，道教的“君权神授”似乎比佛教更易为中国人接受。

朱元璋与道教的关系颇为密切，他的谋臣周颠仙便是道士，朱元璋曾亲自为他撰写传记。[2]周颠仙是江西建昌人，助朱元璋西征陈友谅，大军行至皖城，四下无风，舟师行进缓慢。周颠仙说，继续前进，风就来了，胆小畏进便

[1] 明太祖：《御制纪梦》，《纪录汇编》卷五，上海涵芬楼影印明万历刻本。

[2] 明太祖等：《御制周颠仙人传 李清传 南岳魏夫人传 纪梦编年附续编》，商务印书馆，1939年。

6-1 烧窑峪村外，分布着凤凰山、将军帽、椅子圈、馒头山等，石窟就在馒头山半山腰间

无风。果然，舟师行不到十里，大风骤起，舟师乘风破浪，一举击溃陈友谅。此后，周颠仙云游四海，朱元璋怕为他人所用，密谋杀害，未果，从此不知所终。数年后朱元璋身患热症，又有赤脚僧奉周颠仙之令前来送药，服之当晚即愈。

明成祖朱棣起兵“靖难”时声称得到北方真武相助，使得真武大帝成为明代最流行的神祇之一。明世宗之父兴献王朱祐杬是位虔诚的道教徒，明世宗从小耳濡目染，对道教充满了浓厚兴趣，及他掌国之后便愈发浓烈，将明朝变成一个道教王国。

自明成祖迁都以来，北京一直是明王朝京畿重地。伴随着道教的流行，明代北京道观林立，只不过或倾颓，或重修，早已不复当年的盛况了，唯有坚硬的石窟能够留存至今，留下原汁原味的明代气息。

烧窑峪是北京市延庆区一个偏僻的村庄，村子北面山崖里开凿了3殿、24尊明代造像。在村口的小庙，我遇到李来有大爷，听说我是来找石窟的，自告奋勇带起了路。一路上，他讲起了村子的历史：村子以前是给皇宫烧窑的，故得名烧窑峪，许多人家是窑工的后代。他的话含混而模糊，听起来很是吃力，我倒是记住了沿途看到的凤凰山、将军帽、椅子圈以及半块豆腐山，石窟就开凿在馒头山半山腰中。

从村子一路向北，道路变得艰难起来，“之”字形山路仅容一人通行，最窄处只能侧身而过。走了大约一小时，眼前出现三座破落的大殿——东殿三官殿、中殿真武殿、西殿娘娘殿。说是大殿，其实是在岩壁掏出来的洞窟。三官殿高200厘米、宽350厘米，供奉天地水三官，三官身躯已脱离岩壁，头颅粗陋无比，露出泥质胎体。“文革”时“破四旧”，三官头颅被敲掉，推下了山谷。1997年，村里老人想起了山谷中的三官，发动年轻人上山搜寻，重新安放在东殿中。看着三官光秃秃的脑袋，老人找了个泥水匠，泥水匠平日内哪做过这营生，补出来的头颅如同娃娃脑袋一般，老人们看了看，摇摇头，长长叹了口气。

真武大帝，因明成祖“靖难”而兴

真武殿宽480厘米、高约200厘米、进深210厘米，殿中供奉真武大帝、龟蛇二将、金童玉女。真武大帝身披金锁甲胄，外罩长袍，头发后披，杏眼微睁，柳眉上挑，仪态威严肃穆。

真武大帝，也称玄天上帝、北极真君，在中国古代神话中，北方玄武与东方青龙、南方朱雀、西方白虎同为四方之神，称“四象”，每象分七宿，合为二十八宿，即东方苍龙之象，含角、亢、氐、房、心、尾、箕七宿；南方朱雀之象，含井、鬼、柳、星、张、翼、轸七宿；西方白虎之象，含奎、娄、胃、昴、毕、觜、参七宿；北方玄武之象，含斗、牛、女、虚、危、室、壁七宿。

“四象”之中，青龙、白虎、朱雀均为单一的动物形象，只有玄武由龟蛇共同构成。“玄武”一词，最早见于屈原的《楚辞·远游》：“时暧曃其曭莽兮，召玄武而奔属”。洪兴祖解释道：“玄武谓龟蛇，位在北方，故曰玄，身有鳞甲，故曰武。”[1]在古人看来，龟寓意长寿，蛇则有着超强的繁殖能力，正因为象征着阴阳调和，生命不朽，玄武在汉代极受崇拜，频频出现在瓦当、

---

[1] （宋）洪兴祖：《楚辞补注》，中华书局，1983年。

6-2 明代由于朱棣的推崇，真武大帝信仰在中国盛极一时，图为大足南山明代开凿的真武大帝

6-3 烧窑峪真武殿，开凿有真武大帝、龟蛇二将、金童玉女等造像

6-4 6-5 真武殿武将局部

画像砖之上。

北宋时，玄武避天尊赵玄朗之讳，改称真武。宋真宗天禧元年（1017），真武显身宋朝军营，宋人高承在《事物纪原》一书中记载：“营卒有见龟蛇者，军士因建真武堂，二年闰四月，泉涌堂侧，汲不竭，民疾疫者，饮之多愈。”[1]宋真宗听说此事，下诏就地建观，并册封真武为“真武应验真君”。其实，宋初民间就流传着天蓬、真武是天宫大将的说法，宋朝在与辽、西夏的作战中一直处于下风，宋真宗此举恐怕有将真武神化为军队保护神之意，一如唐朝军队崇拜毗沙门天王故事——唐朝在与吐蕃、南诏的战争中屡屡失败，将领每每捐资开凿毗沙门天王造像，以期这位天王能保佑自己冲锋陷阵、战无不胜。

也是在宋代，真武逐渐被人格化。《夷坚支志》记载，宋孝宗时，进士叶昉得到一幅古画：“画真武仗剑坐石上，一神将甚雄猛，持斧拱立于傍。”[2]在宋人赵彦卫的《云麓漫钞》中，真武的标准形象最终确定——“被发黑衣，仗剑蹈龟蛇，从者执黑旗”[3]。

真武崇拜在明代走向顶峰，幕后推手则是明成祖朱棣。明建文元年（1399），燕王朱棣不满建文帝削藩夺权，起兵“靖难”，兵发南京之前大军誓师时，真武显圣：

> 出祭纛，见被发而旌旗者蔽天。成祖顾公曰：“何神”？曰：“向固言之，吾师，北方之将玄武也。”于是成祖即被发仗剑相应。[4]

经四年的战斗，历大小七十余战，朱棣最终从建文帝手中夺走皇位，据说建文帝的军队时常看到空中飘扬着“真武”的旗帜，望风而靡。朱棣即位后将真武册封为“北极镇天真武玄天上帝”，亲撰《御制真武庙碑》《御制太岳太和山道宫之碑》对此事大肆宣扬。永乐十年（1412），明成祖遣隆平侯张信、驸马沐昕率二十余万工匠，历时七年在武当山建成了拥有八宫两观、三十六庵堂、七十二岩庙、三十九桥、十二亭的道教建筑群，在天柱峰顶铸造重达万金

---

[1]（宋）高承：《事物纪原》，中华书局，1989年。

[2]（宋）洪迈：《夷坚志》，中华书局，2006年。

[3]（南宋）赵彦卫：《云麓漫钞》，大象出版社，2019年。

[4]（明）李贽：《续藏书》，中华书局，1974年。

的真武铜像。在紫禁城中，朱棣修建钦安殿供奉真武大帝，就连举行朝会的奉天殿中都有真武画像。在他的推动下，真武大帝一跃成为明代最流行的道教尊神，民间甚至传说真武大帝的形象就是以朱棣为原型塑造的——他作为明成祖的影子，在帝国的每一寸土地上流传着。

真武庙、真武宫过去在中国极为常见。以北京为例，曾有真武庙四十余座，仅次于关帝庙与观音寺，以“真武”命名的街道多达十五条。北京昌平区黄土东村真武庙创建于明末清初，现存前殿、后殿及左右配殿，殿中供奉真武大帝与金童玉女；房山区佛子庄乡真武庙始建于明代，三进院落中分布着元君殿、财神殿、药王殿、文昌殿等，素有“小武当”美誉。

明成祖对道教信奉有加，除了真武大帝，他还信奉福建两位地方神徐知证与徐知谔（并称“二徐”，徐知证为江王，徐知谔为饶王，五代南唐藩王，因率兵入福建平定匪患，百姓为其立庙祭祀），封为金阙、玉阙洪恩真君。《明太宗实录》记载，成祖“遣人以事祷之辙应。间有疾，或医药未效，祷于神辄奇效”[1]。闲暇之余，他还为道教谱曲、撰词，保存在《道藏》的《大明御制玄教乐章》中，包括《醮坛赞咏乐章》《玄天上帝乐章》《洪恩灵济真君乐章》《大明御制天尊词曲》，都出自他的手笔。

真武大帝旁有两个横眉竖眼的侍卫，头戴方帽，身着圆领长袍，一人持鞭，一人持剑，他们便是赫赫有名的龟蛇二将。关于龟蛇二将的来历，明人余象斗的《北游记》记载了一个有趣的故事。真武在武当山中修炼，渐得仙道，但五脏六腑还是凡人的。妙乐天尊为助其成道，将瞌睡虫打入真武体内。真武昏昏而睡，妙乐天尊令天将剖开他的肚皮，将肚、肠取出，放在岩石下。尔后将一件衣服放入肚中，用线缝合，在真武口中放入还魂丹。真武醒来之后觉得全身轻松，终成仙道。再说这真武的肠、肚，日久天长，在深山中修炼成了蛇怪与龟怪，二怪在武当山为非作歹，祸害百姓。真武用剑指出“丙丁火”降服龟怪，用“壬癸水”降服蛇怪，押着去见玉帝。玉帝念他们本出自真武之身，遂封为龟蛇二将，与真武大帝一同流传在中国大地上。

[1] 黄彰健校勘：《明实录附校勘记》，中华书局，2016年。

碧霞元君，那些被称为“娘娘”的女神们

西殿俗称娘娘殿，殿中镌刻碧霞元君、眼光娘娘、送子娘娘，她们皆是中年女子形象，头戴凤冠，身着宽袖长袍，双手笼于袖中交于胸前，侍女、随从分侍两侧。碧霞元君全称“东岳泰山天仙玉女碧霞元君”，民间俗称泰山娘娘、泰山老奶奶、泰山老母等。《水浒传》第七十四回“燕青智扑擎天柱，李逵寿张乔坐衙”，燕青与李逵到泰安岱岳庙中游玩，香客云集，游人如织，那真是“御香不断，天神飞马报丹书；祭祀依时，老幼望风皆获福。嘉宁殿祥云杳霭，正阳门瑞气盘旋。万民朝拜碧霞君，四远归依仁圣帝”[1]。

碧霞元君是泰山信仰的重要组成部分，来历众说纷纭：一说她是黄帝所遣玉女；一说她是汉明帝时民女石玉叶，三岁解人伦，七岁辄闻法，曾拜会西王母，入泰山黄花洞修行成仙；流传最广的，则说是东岳大帝（又称东岳天齐仁圣帝）之女，东岳大帝掌管幽冥地狱，主宰生杀大权，是赫赫有名的道教尊神。

宋真宗至泰山封禅，忽见一石人浮出玉女池，真宗令工匠用白玉雕玉女神像，建昭真祠；明朝改昭真祠为灵应宫，后又改称碧霞宫，赐号“碧霞元君”。明人王锡爵在《东岳碧霞宫碑》中记载：“元君能为众生造福如其愿，贫者愿富，疾者愿安，耕者愿岁，贾者愿息，祈生者愿年，未子者愿嗣；子为亲愿，弟为兄愿，亲戚交厚，靡不交相愿，而神亦靡诚弗应。”[2]明万历八年（1580），山东巡抚何起鸣登泰山，看到四方香客到泰山拜谒碧霞元君，有的竟然如同见到久别的父母一般哀号痛哭。

碧霞元君能送财富、送健康、送丰收、送寿命、送子嗣，在老百姓眼中简直无所不能，故而兴盛一时，风头甚至盖过了东岳大帝。泰山山顶的碧霞祠是碧霞元君主庙，山下的遥参亭、红门宫、灵应宫都是行宫，泰山周围还分布着为数众多的元君庙。从明代开始，碧霞元君信仰愈发兴盛，自泰山传至北方，再而江南，迅速传遍大江南北。中国各地的娘娘庙，大多就是祀奉碧霞元君的，而民间诸如奶奶顶、奶奶庙、娘娘庙等地名，也都是碧霞元君信仰的产物。

---

[1] （明）施耐庵、罗贯中著：《水浒传》，人民文学出版社，1975年。

[2] （明）王锡爵：《东岳碧霞宫碑》，见刘泽民、李玉明主编《三晋石刻大全》，三晋出版社，2010年。

6-6 娘娘殿中的碧霞元君、眼光娘娘、送子娘娘造像，他们皆是中年女子形象，头戴凤冠，身着宽袖长袍，双手笼于袖中交于胸前，侍女、随从分侍两侧

6-7 6-8 娘娘殿左右两侧的侍女像局部

碧霞元君往往配祀送子娘娘、催生娘娘、眼光娘娘、天花娘娘，烧窑峪只雕出了眼光娘娘与送子娘娘。眼光娘娘是专司眼疾的神灵，史载明神宗之母曾患眼疾，神宗遣使到泰山祭祀眼光娘娘，后果真痊愈，神宗特赐金阙、铜钟酬神。李来有指着娘娘殿石台上的水坑说，村里有老人眼睛不好了，就来娘娘殿烧灶香，在水坑里取点水涂在眼睛上，谁有个头疼脑热的也来取水，眼光娘娘如同烧窑峪的赤脚医生一般。

送子娘娘，也称注生娘娘、子孙娘娘，顾名思义，是送人子嗣的。送子娘娘的来历，也是众说纷纭。道教"四御"之一的后土皇地祇，宋代与卫房圣母和保产圣母一起，转而成了主管生育之神，重庆大足南山有龛"后土三圣母"，便是何正言、何浩父子为祈求子嗣开凿的。佛教的观音后来被道教吸收进神系，号慈航真人，民间传说观音送子，观音自然也成了送子娘娘，南方妇女无子嗣者常于二月十九日、六月十九日、九月十九日祭拜慈航真人，传说此三日最为灵验。

送子娘娘是民间俗神，品位不高，却历来被重视传宗接代的中国人信仰。云南大理市几乎每个村落中都有本主庙，庙中供奉本主，偏殿往往供奉送子娘娘，中年女子装扮，怀中抱着婴儿。在洱源县五加大村本主庙中，我曾看到一位白族妇女前来求子嗣，她从背篓里端出猪肉、鲫鱼等供品，跪在送子娘娘前，说自己嫁入夫家已三年了，一直未能添丁，婆婆常常不给她好脸色看，希望送子娘娘能赐予子嗣。祈祷完后，她还拿出自己缝的小衣服，给送子娘娘怀里的小人穿上，尔后哭哭啼啼地回去了。

传说烧窑峪岩壁上曾有块古碑，浇水其上，还能显出"万历七年"文字，我仔细看了许久，也看不出碑刻痕迹，所谓万历年间的碑文，可能只是民间口口相传而已。不过，从真武大帝、碧霞元君、眼光娘娘、送子娘娘的题材，以及略显简单的雕刻工艺来看，《延庆县志》把烧窑峪"初步确定为明万历年间凿刻"，应是可信的。这处天子脚下的道教石窟，纵然残损与破败，却让我们走进这个与道教渊源颇深的王朝，走进崇道的明太祖、明成祖、明世宗，以及他们在历史中留下的与道教有关的故事。

一位明朝官吏眼中的道教石窟

洪雅苟王寨

四川省洪雅县将军乡八面山中的苟王寨，本是南宋一座抗击蒙古铁骑的古城，明人在山寨岩壁上雕刻30余龛佛、道造像，其中天地水三官，玄天上帝，梓潼帝君为道教尊神。天地水三官可谓道教的老字辈，道教创立之初，道教徒赐福、赦罪、解厄之时便要祭拜三官；同样在明代，文昌帝君信仰走向了巅峰，成为中国各地共同信仰的科举功名之神，无数学子祈望供奉文昌以求功名。明朝贵州布政使司右参议张可述曾两入八面山，他的见闻成为了解苟王寨与明代道教石窟的窗口。

嘉靖三十年，一位叫张可述的官吏

大明嘉靖三十年（1551），张可述与参军龚嵩等人从洪雅县城出发，至八面山中郊游，清晨过青衣江，午时才到苟王寨，山路很是崎岖，险峻之处还要以木梯上下。张可述，字惟孝，洪雅芦村（今四川省眉山市柳江古镇）人，嘉靖二十六年（1547），24岁的他进士及第，出任陕西咸宁县知县。

在苟王寨岩壁上，张可述看到许多兵将的名字，便询问何故。龚参军告诉他，南宋末年，蒙古入侵宋地，巴蜀成为双方鏖战的三大战场之一，蒙古骑兵来去如闪电，巴蜀城池频频沦陷，宋朝失去半壁江山。生死存亡之际，四川安抚制置使余玠指挥军民，在渠江、嘉陵江、涪江、岷江、沱江沿岸依山筑城，依靠地形与蒙军周旋，先后建立83座山城，苟王寨也是一处。这些山城最终无法阻挡南宋灭亡的命运，陆续为蒙古军攻破，苟王寨也难逃一劫，守城的军士与逃难的百姓皆被屠杀。传说一遇到阴雨天，山中鬼哭神号，凄惨万分。明孝宗弘治元年（1488），乡人在岩壁开凿观音像超度亡魂，山中才不复有哀号之声。

大约五个世纪后，我循着张可述的脚步来到苟王寨。从洪雅县将军乡拳石

6-9 洪雅苟王寨既是佛国，也是洞天，佛教与道教在这里并行不悖。因为佛教十八罗汉龛，罗汉造像生动，神态逼真，是明代石窟中不可多得的精品

6-10 明代崇道尤盛，是唐宋之后道教在中国的又一盛世，苟王寨如同刻在石头上的史书，具体而微地刻上了那个时代的烙印

6-11 苟王寨十八罗汉局部

6-12 苟王寨十八罗汉之降龙罗汉

村驶入八面山，沿途已少有行人，一畦畦茶园沿着山形起伏。车开到公路尽头再无路可走，沿着陡峭的山路下到沟底。路边的茶农得知我要去古城，都在劝我："这个季节山上的树叶、竹叶遮住了古道，走错一个岔路就上不去了，树叶底下藏着毒蛇呢。"他们说的一点儿没错，苟王寨的确不怎么热情，迎接我的，唯有青苔、毒蛇和被树叶遮得严严实实的山路而已。这座曾经的死亡之城，以这样的方式将自己封存在深山之中。

苟王寨山势峭立、石崖峥嵘，张可述来时只提到了观音像，那时山野深处的道教龛窟可能尚未开凿。明代石窟在中国已是余续，少见什么佳作，苟王寨却是难得的作品，石窟依山势而凿，看似漫无章法，却环环相扣，尤其是那十八罗汉，有的手指天空，有的闭目养神，有的聆听佛法。降龙罗汉的飞龙跑到了阿弥陀佛脚下，龙首回顾，张牙舞爪，降龙罗汉连忙走上前去拉住它，阿弥陀佛双目紧闭，倒是不为所动。岩壁右侧菩萨有的骑牛，有的骑羊，有的骑马，可能是民间保护牲畜的牛王菩萨、羊王菩萨、马王菩萨等。

故地重游，山谷深处已然洞天

嘉靖四十三年（1564），张可述故地重游，此时他已从贵州布政使司右参议一职卸任了，陪同他的仍是龚嵩。布政使司前身为元朝的行中书省，俗称藩司，明朝有山东、山西、河南、陕西、四川、江西、湖广、浙江、福建、广东、广西、云南、贵州十三个布政使司，司中设左、右二布政使，下辖左右参政、左右参议，右参议为从四品。

张可述来时，原来的木梯已拆除，岩壁上刀劈斧砍了一条山路，苟王寨深山中又开凿了诸多道教石窟，自此，佛教一片，道教一片，既是佛国，也是洞天。这些道龛是龚嵩与族人、乡邻捐资开凿的。此时的龚嵩已是迟暮之年，他对张可述说："我是此山中人，少时曾心怀天下，希望能扬名立万，现在有心无力了，我让人把这段故事刻在岩壁上，希望后世能知道有这样一个龚嵩。"龚嵩的话让张可述很是感慨，回想自己为官十五载，出则有驷马之车，穿则金银绸缎，也曾冠冕一时，如今却被流言攻击，辞官返乡，虽有千里之志，却又如何实现？平生那些把酒言欢、笑语一堂的知己，如今早零落在天涯，更何况百年之后呢？[1]

---

[1] 张可述两次造访八面山的经历，载《八面山苟王寨修建记》，见高文、高成刚编：《四川历代碑刻》，四川大学出版社，1990年。

张可述将两次游历苟王寨的经历，找来工匠镌刻在岩壁上，这便是这块《八面山苟王寨修建记》。碑文之后画出一些长方形小格子，镌刻下神祇名号以及捐资者姓名。由此看来，张可述对龚嵩主持的开龛造像或许并不反感，抑或他就是某些龛窟的功德主，否则断没有在碑文后附录神祇名号之理。

张可述进士及第后在外为官，未曾在京师逗留太久，却对朝廷的情况或多或少有些耳闻。嘉靖皇帝一生崇道，他十三岁那年以兴献王世子身份入继大统，刚刚登基便罢黜佛教，将道教尊为国教。嘉靖自幼体弱多病，登基后也时常生病，对道教的长生之术笃信不疑，以至连朝会、祭典也不参加，一心问道求玄。就在嘉靖四十三年的一天，嘉靖皇帝夜坐庭中，在御幄后获得一桃，第二日白兔生二子，他大喜过望，认为此乃天赐祥瑞，群臣也纷纷上表庆贺。生活中的琐事却被嘉靖当成祥瑞，可见其受蛊惑之深。当时的明朝早就陷入了狂热的道教旋涡之中，张可述与龚嵩纵然能出淤泥而不染，也难免不受这股热潮影响。

顺着山路走过去，古道越来越险，最窄处仅容一人通行，得紧贴着岩壁才能过去，脚下便是百米高的深涧；再往前走便愈发艰难，古道是在山体上被硬生生凿出来的，需要弯腰低头快速通行。远处，雾气在山中急转升腾，道教龛窟在雾中若隐若现，恍若仙境。

黄昏，我终于走到了这片深山中的“洞天福地”，老子、天地水三官、玉皇上帝、梓潼帝君，或慈祥，或威严，或雍容，或肃穆。张可述的碑文至今仍完好地保存着，拭去上面的尘土，一行行楷体小书清晰可见：“上三教：释迦、老子、孔子三尊童子之位”“中三教：梓潼帝君一尊、玄天上帝一尊、观音一尊”“玉皇上帝一尊”“上元天官、中元地官、下元水官”……[1]题材无一重复。其中“玉皇上帝”的捐资者是龚鸣风，“梓潼帝君”的功德主是龚伯，似乎都是龚嵩族人。

天地水三官，道教的老字辈

天地水三官镌刻在岩壁最上方，他们眉目清秀、表情淡然，身着宽袖大袍，腰系玉带，头戴官帽，如同三位气宇轩昂的明朝官吏。

天地水三官可是道教的老字辈了，早在道教创立之初便已出现。东汉年

---

[1] 岩壁题记系作者抄录。

6-13 苟王寨道教石窟全景图，上层为玉皇大帝与天地水三官；下层左边为文昌帝君等，右边是真武大帝、龟蛇二将与观音菩萨龛

6-14 苟王寨真武大帝与龟蛇二将

6-15 真武大帝与龟蛇二将线描图

6-16 地藏菩萨与地狱十王龛夹杂在道教石窟之中。地藏掌管着幽冥地府

6-17 苟王寨地狱十王龛局部，道教也接受了佛教的地狱观念，地狱由东岳大帝掌管，而太乙救苦天尊则由于地狱拯救之神力，尤为民间推崇

间，张道陵在蜀中设立“二十四治”，治中设祭酒与奸令祭酒、祭酒主事，奸令祭酒负责给病人请祈，其方法是道徒先在静室之中面壁思过，然后把名字、心愿写在文书上，一式三份，祈祷对象便是天地水三官，道教宣称它们有赐福、赦罪、解厄的功能。《三国演义》第五十九回“许褚裸衣斗马超，曹操抹书间韩遂”，言及张鲁，便提到了这段历史：

……如有病者，即设坛使病人居于静室之中，自思己过，当面陈首，然后为之祈祷；主祈祷之事者，号为“奸令祭酒”。祈祷之法，书病人姓名，说服罪之意，作文三通，名为“三官手书”：一通放于山顶以奏天，一通埋于地以奏地，一通沉于水以申水官。如此之后，但病痊可，将米五斗为谢。[1]

关于天地水三官的来源，历来说法也不一。有认为起源于五行之说，对应金、土、水三气；又说是他们是周幽王时期的三位谏臣——唐宠、葛雍、周武；也有说有个叫陈子寿的娶了龙王爷的三个女儿，生下天地水三兄弟。

《礼记·觐礼》中有“祭天，燔柴；祭山、丘陵，升；祭川，沉；祭地，瘗”的记载，可见祭祀天、地、水是中国人古老的传统。道教吸收了这种信仰，并人格化为天地水三官，即上元一品九气天官赐福紫微大帝、中元二品七气地官赦罪清虚大帝、下元三品五气水官解厄洞阴大帝。传说他们的诞辰分为在上元农历正月十五、中元七月十五、下元十月十五，故又称“三元大帝”。天地水三官在道教的品阶算不上高，却掌管着赐福、赦罪、消灾，因而颇受百姓尊崇，每逢三元大帝诞辰，唐朝皇帝下诏天下诸州禁止宰杀牲畜，捕鱼打猎；宋朝的罪犯这一天可以免受审讯之苦，倘若衙役用刑，罪犯可以提出申诉。

明代道教兴盛，三官的信仰也是水涨船高，许多州县建有三官殿、三官堂、三官庙。天地水三官的生辰，民间也演化为上元、中元、下元三元节。每逢三元节，古人都要去庙宇祭拜三官，祈福消灾，信徒在节日期间吃斋，俗称“三官素”。清代三官信仰不减，清人顾禄在《清嘉录》中写下了三元日这天吴郡人到三官宫中祈福的场景：“遇三元日，士庶拈香，骈集于院观之有神像者。郡西七子山，有三官行宫，释氏奉香火，至日，舆舫络绎，香潮尤盛。归

[1] （明）罗贯中：《三国演义》，人民文学出版社，1979年。

持灯笼，上衔‘三官大帝’四字，红黑相间，悬于门首，云可解厄。或有以小机插香供烛，一步一拜至山者，曰‘拜香’。”[1]

清代的三官，以赐福的天官最受欢迎，是年画经久不衰的题材，画中的天官身着大红官服，腰系玉带，手持如意。天津杨柳青年画中的天官身边还簇拥着五个童子，手中各捧仙桃、石榴、佛手、春梅和吉庆鲤鱼灯。每逢过年，天官与门神是最受老百姓欢迎的神灵——天官赐福人间，门神保家护院。

文昌帝君，掌管天下文运的道教尊神

天地水三官下方，有个大腹便便的文官，头戴乌纱帽，身着朝服，腰系玉带，颌下三缕长须及胸，他就是“梓潼帝君”，即中国人熟悉的文昌帝君，也称文昌帝、济顺王、英显王、梓潼夫子、梓潼帝君、雷应帝君。张可述、龚嵩皆曾为官，张可述之父张鹏弘治十八年（1505）得中进士，官至浙江监察御史、福建漳州知府，“一门两进士”，对于文昌帝君或许有着特别的感情。

文昌本是星名，亦称文曲星或文星，是文昌宫六颗的总称，《史记・天官书》记载：“斗魁戴匡六星，曰文昌宫，一曰上将，二曰次将，三曰贵相，四曰司命，五曰司中，六曰司禄。”[2]

与许多道教神祇一样，文昌也经历了一个从星宿转变为尊神的过程。《明史》记载：“神姓张名亚子，居蜀七曲山，仕晋战没，人为立庙，唐、宋屡封至英显王。道家谓帝命梓潼掌文昌府事及人间禄籍，故元加号为帝君，而天下学校亦有祠祀者。”[3]《明史》所载并不够清晰， 连这个张亚子都是虚构人物——晋宁康二年（374），蜀人张育起兵反抗前秦苻坚的统治，自称蜀王，兵败被杀，后人在七曲山为他建祠；当时七曲山上还有座梓潼神亚子祠，这两座祠离得很近，久而久之后人便将它们合称为“张亚子”。

“安史之乱”中，唐玄宗入蜀避难，听闻梓潼神张亚子的故事，遂亲加祭祀，封其为左丞相；“黄巢起义”中，唐僖宗又逃亡到蜀地，行至七曲山，封张亚子为济顺王，并解随身佩剑献神。此时的唐朝一直陷入战争的泥潭中不能自拔，曾起兵抗击前秦的张亚子无疑是绝佳的精神标杆。

---

[1] （清）顾禄：《清嘉录》，上海古籍出版社，1986年。

[2] （汉）司马迁：《史记》，中华书局，1985年。

[3] （清）张廷玉：《明史》，中华书局，1974年。

6-18 苟王寨文昌帝君

6-19 文昌帝君线描图

宋代之后，梓潼神逐渐与科举联系了起来，民间也流传着他的灵异故事。陆游的《老学庵笔记》记载，有个叫李知几的学子曾祈梦于梓潼神，当天晚上做了个梦，梦见来到成都天宁观，有道士指着观前的支矶石对他说："以此为名，则可及第。"李知几遂改名为李石，字知几，果然如愿取得功名。《铁围山丛谈》也记载："长安西去蜀道有梓潼神祠者，素号异甚。士大夫过之，得风雨送，必至宰相；进士过之，得风雨则必殿魁。自古传无一失者。"[1]

宋时的梓潼神还只在巴蜀境内流传，它最终成为道教尊神，则是在元代。元延祐三年（1316），元仁宗敕封张亚子为"辅元开化文昌司禄宏仁帝君"，简称"文昌帝君"，钦定为"忠国孝家益民正直祀典之神"，赐七曲山灵应祠为"佑文成化庙"。由于封号中带着"文昌"二字，遂与文昌星宿重合，原本只在巴蜀流行的梓潼神，逐渐接过了文昌的教鞭，成为中国科举之神。

作为文昌帝君信仰的发源地，梓潼七曲山大庙极负盛名。当地人有祭拜文昌帝君的风俗，山中游客如织，香火终日不绝。农历二月初三是文昌诞辰，七曲山附近的乡民怀抱公鸡，捧着寿桃上山祭拜，祭祀时，乡民将鸡冠掐出血，涂抹在寿桃上，然后拔下公鸡的羽毛插在地上。

从元代开始，文昌帝君成为掌管学子、文人功名利禄的尊神，明代更有"文昌，先天之孔子也；孔子，后天之文昌也"的说法，将道教的文昌与儒家至圣孔子相提并论。明代末年，东到沿海，西抵嘉峪关，南至海南，北达长城，各府州县都建有文昌祠、文昌宫，在更偏僻的乡间书院、私塾也供奉文昌木雕、泥塑，百姓也捐资在岩壁上开凿文昌造像，比如眼前的苟王寨。

傍晚时分，王俊珍背着竹篓来到山中，她是苟王寨文管员，每天傍晚到这里守护石窟，第二天天快亮时再下山。今天，王俊珍的行囊里多了几把香烛，给文昌帝君进香王俊珍将香烛插在泥土里，在那一刻，我蓦地意识到，道教文化其实离中国人并不遥远，它已经融入了大部分中国人的日常生活与信仰。

嘉靖四十三年（1564）后，张可述再也没有来过苟王寨。两年后，嘉靖皇帝服食丹药中毒，一命归天。由于长年累月地服用丹药，他晚年常常无缘无故发怒，并一直忍受着失眠的困扰。走火入魔的嘉靖给自己上尊号"灵霄上清统雷元阳妙一飞玄真君"，此后又加为"太上大罗天仙紫极长生圣智昭灵统元证应玉虚总掌五雷大真人玄都境万寿帝君"，俨然以道教教主自居。此时的明朝

[1]（宋）蔡絛：《铁围山丛谈》，中华书局，1983年。

人人自危，国库空虚，早已千疮百孔、危机重重，对道教的过分崇信使得这个庞大的王国走向了衰落。

晚年的张可述回到芦村，编撰《洪雅县志》，倘若不是崖壁上的造像与题记，我们恐怕无缘知晓这位官员在苟王寨的经历，以及龚参军与族人营建石窟的故事。嘉靖皇帝崇道尤甚，堪称中国历史上最崇道的皇帝之一。苟王寨如同刻在石头上的史书皇帝，具体而微地留下了那个时代的烙印。

6-20 苟王寨前的山路奇险无比，须弯腰低头才能通行，右侧崖壁上便是记载着张可述与龚嵩开凿石窟的碑文

6-21 一只蜘蛛在明代石碑前结下网。此碑便是著名的《八面山苟王寨修建记》，记录了苟王寨石窟开凿的历史

6-22 几张板凳、几片红布，没有香火的香炉，由于地处深山之中，苟王寨平时鲜有人问津，冷冷清清

镌刻在岩壁上的《西游记》

巴中广佛洞、卧牛山、龙潭子

四川省巴中市分布着广佛洞、卧牛山、龙潭子等明代道教石窟。幼时读《西游记》，玉皇大帝派头十足，掌管天地人三界，统率日月星辰、山川河流，没想到我还能在广佛洞的岩壁上与他相遇。卧牛山上有龛萨真人、王灵官像，王灵官曾与齐天大圣孙悟空斗得难分难解，总算为天庭挽回了一些颜面，它由于武艺高强，来到道观做了守护神，中国几乎每一座道观中都有它威武的模样。

“玉皇诞”，尘封的广佛洞往事

明万历二十年（1592），金陵。世德堂书商唐光禄在市面上购得一本书稿，名为《西游记》，写的是唐僧师徒取经过程中的离奇经历。当时历史小说流行，神魔小说相对小众，唐光禄却敏锐地觉得，这本小说有着绝佳商机，遂刊印出版，这也是迄今最早的《西游记》刻本。他或许不会想到，这本神魔小说日后将风靡中国，经久不衰。

世德堂本篇幅较长，且价格偏高，流通多有不便。不久，杨致和编订的《西游记》，朱鼎臣编纂的《唐三藏西游释厄传》又相继刊印。这些简本价格便宜，故事奇幻，采取上图下文的形式，易于阅读，迎合了市民阶层的需求。[1]明代《西游记》已风靡一时，清人独逸窝退士的《笑笑录》记载了这样一个故事：“万历中，一人号醒神，自云数百岁，曾见高皇、张三丰，又云历

[1] 苏静：《明清时期〈西游记〉世德堂本及简本的传播》，见陈文新、余来明主编：《明代文学与科举文化国际学术研讨会论文集》，武汉大学出版社，2010年。

6-23 广佛洞的药王造像，这里已被蜘蛛网占据

海外国万余。陈眉公曰：‘听醒神话，一本活《西游记》。’”[1]陈眉公即明代名士陈继儒，他以《西游记》为喻，可见明人对小说内容已颇为熟悉。

《西游记》写的虽是唐僧师徒取经故事，但以玉皇大帝为主宰的天庭，以及它麾下的王灵官、天蓬元帅、龙王、太白金星等神灵，给中国人留下了深刻印象，伴随着《西游记》的流行，这些道教神灵愈加家喻户晓，耳熟能详。四川省巴中市境内广佛洞、卧牛山、龙潭子石窟均开凿于明代，诸如玉皇大帝、王灵官、龙王等题材，似乎也是明代《西游记》流行的见证。

广佛洞地处曾口镇寿星村，村民罗颜福菜地旁有块岩壁，其上开凿着几个长方形龛窟。玉皇大帝龛位于岩壁最高处，高205厘米、宽137厘米，玉帝头戴高冠，身着长袍，浓密的胡须垂于胸前，金童玉女侍奉左右。[2]

---

[1] 朱一玄、刘毓忱编：《西游记资料汇编》，南开大学出版社，2002年。

[2] 程崇勋著：《巴中石窟》，文物出版社，2009年。

6-24 广佛洞被拆除后，岩壁上的石窟由于位置太高无法破坏，这才保留下来

6-25 广佛洞三清像

北宋年间，由于皇室推崇，玉皇大帝逆袭“三清”，成为道教影响最大的神祇。如果说在宋代玉帝还只是被官方推崇的话，那么到明代，玉帝则成为老百姓喜闻乐见的神祇，这与民间流行的神魔小说不无关联。《西游记》《南游记》《北游记》均产生于明代，《西游记》自不必多说，《南游记》又称《五显灵官大帝华光天王传》，明人余象斗所作，写的是马灵官为救母亲，入地狱、过酆都、战哪吒的故事；《北游记》又名《北方真武玄天上帝出身志传》，也是余象斗所作，写真武大帝斩妖除魔之事。两部小说的主人公虽是马灵官、真武大帝，但玉皇大帝作为天庭最高主宰，发号施令，威风八面，在老百姓心目中如同人间的皇帝一般。也正因为此，旧时的玉皇阁、玉皇观几乎遍布中国，单北京一地就超过了20座，而在偏僻的乡村，玉皇大帝的石窟、塑像、木雕就更多了，我在中国许多地方都见过他的身影，比如四川泸县玉蟾山、洪雅苟王寨以及眼前的广佛洞。

民间传说玉帝诞辰在正月初九，即“玉皇诞”。正月是一年之始，“九”在中国文化中又是大数，比如天高“九天”、地深“九泉”、水深“九渊”。罗颜福的菜地以前有座寺庙叫“广佛洞”，虽是寺庙，但也供奉玉帝。每年“玉皇诞”是寺庙最热闹的日子，父亲曾绘声绘色地给他讲起当日的盛况。

“玉皇诞”也称“天日”“天公生”，农历十二月二十五日，祭祀玉皇的活动便开始了，民间传说这一天玉皇大帝化身凡人下界，视察人间善恶，考订众生祸福。前一天晚上，村里的人家便把家里打扫得干干净净，当日五更燃起香烛迎接玉帝，大户人家还要置办猪头、鸡、鱼等供品，贫穷人家就只能用便宜的六斋，即金针、木耳、香菇、菜心、豌豆、豆腐。迎玉帝第二天五更才结束，恭送玉帝返回天庭。这样的场景，与明人刘侗在《帝京景物略》中的记载有些区别：“廿五日，五更焚香楮，接玉皇，曰玉皇下查人间也。竟此日，无妇妪詈声。三十日五更又焚香楮送迎，送玉皇上界矣，迎新灶君下界矣。”[1]明人送玉皇在三十日，而清代民间第二日便送走玉皇了。

“玉皇诞”当天，村里就更热闹了。一早，广佛洞的鞭炮声响个不停，“素姑娘”（当地对尼姑的称呼）穿起新袈裟，虔诚地念着《玉皇经》。村里人一吃完早饭，就往广佛洞去，几天前，庙里的首事已到各家化缘，筹集资金请来戏班子唱戏。旧时唱的多是川剧，有《柳荫记》《玉簪记》，小朋友对那些哭哭啼啼的戏剧总没什么兴趣，看不到半出就溜出庙玩耍了。等到《华容

[1]（明）刘侗、于奕正：《帝京景物略》，北京古籍出版社，1980年。

道》上演时，他们又一窝蜂跑回庙里，看红脸的关公如何放走白脸的曹操。

“玉皇诞”这天，中国不少地方要举行醮事仪式，祈求玉帝赐福降吉。福建人叫“拜天公”，道观中击鼓诵经，拜玉皇忏，做法事“上天表”，一家老小斋戒沐浴后，到观中上香行礼。湖北恩施土家族人则喜好在“玉皇诞”出门办事，素有“七不出，八不归，上九办事一大堆”之说。

罗颜福听了许多次“玉皇诞”的故事，却始终未能亲见过，他从父亲手里接过这块菜地时，广佛洞早已不复存在了。1952年，广佛洞被拆除，拆下来的木料、青瓦建成了村里的榨油厂，生意一度很是红火。

那些“素姑娘”被赶出庙门，有的不知去向，有的被逼还俗，嫁给公社的鳏夫为妻。大约1986年，嫁人的“素姑娘”去世了，榨油厂也因为年久失修倒塌。庙里的土地，则在“土改”时分给了几家人做自留地，地中经常挖出残破的雕花柱础，每当这个时候，父亲总是唏嘘无比：“那么大的庙子，要是不拆，香火该多旺盛呀。”

我的脚下，杂草中随处可见条石，柱础歪倒在柚子树下，这就是广佛洞的全部家当了。岩壁上有块古碑，部分楷书清晰可辨，“夫广佛洞自草昧初辟禹贡……金容闪烁讵不可以镇山川”“冯士榜出钱三千文”“吴国用出钱一千五”“余芝万出钱一千五”“张宗坤出钱一千五”，落款在道光十五年（1835），可能这年广佛洞曾有过修葺。古碑下层楷字已经被一个个凿去，碑身下方的莲花也被凿去了大半。不知道从何时起，蜘蛛结下了一张巨大的网，将石碑遮得严严实实，密不透风，似乎要将历史永远尘封起来。

广佛洞被拆除后，岩壁上几个石窟由于位置太高无法捣毁，这才留了下来。明代石窟已是余绪，少见精美之作，广佛洞这几龛倒算是不可多得的佳作，工匠更多通过面部表情展现其内心——“三清”如同三位慈祥的老者，眼神温和慈祥，聆听着世人的心声；文昌帝君头戴高冠，身着华服，眉目之间又给人气宇轩昂之感。数百年的时光在岩石表面留下石花，吹起颗粒，原本艳丽的赭石、石绿、朱砂的颜色也随着石刻的风化渐渐变淡，似乎已渗到岩石之中，幻化成一幅幅淡雅的明代画作。

王灵官，敢与孙悟空单挑的天将

巴中曾口镇镇北有座卧牛山，山中也有几龛道教石窟。我在巴中南龛、水宁寺做石窟调查时，时任巴中文管所所长的程崇勋先生说，卧牛山有龛宋代的王灵官、萨真人造像。这倒令我很是意外，中国的王灵官像大多年代较晚，比如重庆大足峰山寺就有一龛清代王灵官，如果卧牛山这龛开凿于宋代，便是年代最早的一龛了。

这个王灵官可是个厉害角色。《西游记》第七回“八卦炉中逃大圣，五行山下定心猿”，孙悟空大闹天宫，打到通明殿里、灵霄殿外，幸好有王灵官执殿，他见大圣放肆，抡起金鞭便打，却是不分上下，总算为天庭挽回了些颜面。《西游记》这样描写这场恶战：

赤胆忠良名誉大，欺天诳上声名坏。一低一好幸相持，豪杰英雄同赌赛。铁棒凶，金鞭快，正直无私怎忍耐？这个是太乙雷声应化尊，那个是齐天大圣猿猴怪。金鞭铁棒两家能，都是神宫仙器械。今日在灵霄宝殿弄威风，各展雄才真可爱。一个欺心要夺斗牛宫，一个竭力匡扶玄圣界。苦争不让显神通，鞭棒往来无胜败。[1]

能与齐天大圣打得不分上下，可见王灵官确实武艺了得。他的名字虽然陌生，但进过道观的人大多见过他的模样，道观山门之后往往设立灵官殿，就是供奉王灵官的，他双目圆瞪、锯齿獠牙，额头上还有一眼，身披铠甲，手持钢鞭。王灵官是道观的护法神，如同佛教的韦陀一般，佛经最后一页往往是韦陀像，而道经的末尾则是王灵官像。

卧牛山上有座小庙，小庙后殿中有个石包，开凿着天地水三官、“三清”、萨真人、王灵官等。萨真人、王灵官龛高164厘米、宽230 厘米。萨真人面目清瘦，头戴通天冠，身着长袍；王灵官三目圆瞪，身披战袍，左手拽袖，右手持鞭。

《三教搜神大全》记载，萨真人本名萨守坚，北宋末年人，他听说第三十代天师张虚静法术高强，遂前往投师，在路边遇到三位老道，分别传授他咒枣之术、唤雷之法以及一把可以包治百病的扇子，原来，他们就是早已羽化成仙的张虚静、林灵素、王侍宸。萨真人从此闻名遐迩，称“天枢领位真人”，与张道陵、葛玄、许旌阳并称“道教四大天师”。

萨真人的故事元代即在民间广为流传，元杂剧中有《萨真人白日飞升》《萨真人夜断碧桃花》两出，前剧已佚，后剧演绎萨守坚度化张道南、徐碧桃

---

[1] （明）吴承恩：《西游记》，人民文学出版社，1986年。

6-23 卧牛山因卧牛得名，老子骑青牛西出函谷关，牛在道教文化中也就有着特殊的内涵

6-24 卧牛山萨真人、王灵官龛，高164厘米、宽230厘米。萨真人面目清瘦，头戴通天冠，身着长袍；王灵官三目圆瞪，身披战袍，左手拽袖，右手持双鞭，横跨在猛狮之上

之事。潮阳县令徐端长女碧桃聪慧伶俐，同乡张道南寻找走失的白鹦鹉，误入徐家后花园，无意碰到碧桃，恰巧被徐父撞见，徐端斥责女儿不守妇道，碧桃百口莫辩，郁郁而终，葬于后花园。三年后，张道南状元及第，回家乡任潮阳县令，一日夜中至后花园赏月，想起曾在此相会的碧桃，抚琴寄托哀伤，碧桃魂魄听得琴声，前来相见，但终究阴阳相隔。不久张道南罹患重病，张家多方访医求药，依旧没有起色，遂请来萨真人作法。萨真人在后花园发现碧桃之坟，招来碧桃魂魄，才知张道南之病乃是鬼魂缠身所致，而碧桃仍有二十年阳寿，让她借暴病而死的妹妹玉兰尸首还魂复生，与道南结为夫妇。

《萨真人夜断碧桃花》明代依旧流行，明人邓志谟也撰有小说《萨真人咒枣记》，写的是萨守坚偶遇天师、收服王灵官之事。萨真人有次路过一庙，见乡人用童男童女祭祀庙神，不由勃然大怒，一把火把庙烧了。此后萨真人云游四海，十二年后，在江边洗手，水中冒出一位神将，说："我乃先天大将火车灵官王，护卫灵霄殿，又奉玉帝之令庙食湘阴，自真人烧我庙后，我偷偷尾随十二年伺机报仇，不想真人武艺超群，我甘拜下风，从此愿追随真人。"就这样，王灵官就成了萨真人的徒弟。

萨真人、王灵官的信仰，明代逐渐走向兴盛。传说永乐年间，明成祖朱棣笃信道教，有大臣进贡王灵官藤像，朱棣安放于寝宫，朝夕参拜，每次出征都要带上藤像随行，作为军队保护神。第五次出征漠北，打到金川河之时，原本轻巧的藤像突然沉重无比，朱棣上香祷告，答曰："上帝有界，止此也。"果然，不几天朱棣便病死在返京途中。

朱棣还曾在紫禁城中建天将庙、祖师殿，供奉萨真人、王灵官，明宣德年间，宣宗改庙为火德观，敕封萨真人为崇恩真君、王灵官为隆恩真君。明成化年间，宪宗又更名为"显灵宫"，四季为二神更换袍服，并在每年万寿节（皇帝生日）、正旦、冬至之时祭拜。

卧牛山石窟并未发现题记，几年前，石窟被庙中居士用油漆涂抹一新，早已看不到原貌。萨真人、王灵官都是北宋末年之人，元代才逐渐被神化，明代因为皇室推崇成为家喻户晓的道教尊神。卧牛山的王灵官、萨真人窟，或许定为明代更为妥当。

龙王，保佑一方水土风调雨顺

巴中奇章乡东井村奇章河畔还有6龛明清时期的石窟，第7龛高75厘米、宽100厘米，龙王头戴幞头，身着长袍，腰系玉带，张着血盆大口。左侧神像头戴尖角冠，长着双角；右侧头戴圆形冠，鼓着双目，可能是龙王身边的虾兵蟹将。这龛造像定为明代，源于岩壁上一则道光十五年（1835）的碑记。碑文记载，奇章河历来奔腾汹涌，明万历年间，乡民在岩壁开凿观音、龙王，以镇水患。

看过《西游记》的人，或许对书中的东海龙王、南海龙王、西海龙王、北海龙王、泾河龙王、洪江龙王、井龙王不无印象。《西游记》第三回“四海千山皆拱伏，九幽十类尽除名”，孙悟空到东海龙宫借兵器，先是拿了把三千六百斤的九股叉，又换了七千二百斤的方天画戟，悟空仍觉得轻，后得到大禹治水时留下的神针——金箍棒，这才称心如意。孙悟空寻了兵器，又嚷着要衣服，东海龙王擂鼓撞钟唤来三兄弟，北海龙王敖顺拿了一双藕丝步云履，西海龙王敖闰道带了一副锁子黄金甲，南海龙王敖钦凑了一顶凤翅紫金冠，这才打发走了这泼猴。四海龙王吃了哑巴亏，也不敢翻脸，便商议着去天庭找玉帝告状了。

《西游记》里的众龙王，总给人软弱、卑微的感觉，这或许他们在道教品阶不高的缘故。不过，在老百姓心目中，龙王掌管行云布雨、润泽万物，与生产、生活密不可分，旱时得求他降甘霖，涝时得请他镇水患，一年的收成就得看龙王脸色。道教中本有雷公电母、风伯雨师掌管风雨雷电，却极少被单独供奉，不似龙王有如此高的威望。

传说龙潭子的龙王施降雨水，极为灵验，清乾隆、嘉庆年间，乡民又捐资开凿了一龛龙王。光绪年间，龙潭子久旱不雨，乡民前来祭拜，“光绪十七年，自春及夏，雨泽罕施。余见赤地万里，红云万重……”直到今天，每逢干旱或水患，村民仍要祭拜龙王，他们相信，古老的龙王会保佑这方水土安宁富足，风调雨顺。

鲁迅先生在《中国小说史略》中写道：“明初稍衰，比中叶而复极显赫，成化时有方士李孜，释继晓，正德时有色目人于永，皆以方伎杂流拜官，荣华熠耀，世所企羡，则妖妄之说自盛，而影响且及于文章。”[1]明代崇道尤盛，皇帝宠信方士，受此影响，从朝廷到民间，从京师到乡村，都笼罩在狂热的道教氛围中。在这种风气浸染下，《西游记》《南游记》《北游记》等神魔小说相继出现，小说的流行，又促使道教神灵愈加深入人心。

[1] 鲁迅：《中国小说史略》，人民文学出版社，1973年。

6-28 龙王龛下方的碑文记载，奇章河历来奔腾汹涌，明万历年间，乡人在岩壁开凿观音、龙王，以镇水患

6-29 龙潭子龙王龛，上书“扶江平海”四字，在老百姓心目中，龙王掌管行云布雨、雨泽万物，与百姓的生产、生活密不可分

6-30 广佛洞昔日曾有座寺庙，“玉皇诞”这天是寺庙最为热闹的时候，庙的首事早在几日前便邀请了戏班子前来唱戏。1952年，广佛洞被拆除，杂草中随处可见柱础、条石

龙门观万历遗事
安岳三仙洞

安岳三仙洞现存石窟7龛，体量巨大，题材丰富，诸如救苦天尊、北斗七元真君、南斗六司真君、雷霆都司、四渎源王、吕洞宾等题材，在明代道教石窟中颇为少见。救苦天尊的坐骑九头狮子，《西游记》中下凡成了九灵元圣，与悟空是好一阵恶斗；吕洞宾是八仙之一，明杂剧中流传着他度人成仙的故事。尤为难得的是，岩壁上明万历三十三年（1605）、万历四十三年（1615）、天启元年（1621），清康熙六十年（1721）的碑文，详细记录了道士道净、元明，陈淑晓一家，慕氏兄弟等营建石窟的过程。

举家开龛，永丰乡善人陈淑晓

万历三十三年并不算个太平的年头。《明史》记载虽只有寥寥数笔，却依旧能感受这个王朝紧张的神经。正月初五，正值春节，蒙古银定歹成部兴兵进攻凉州；五月，凤阳风雨交加，皇陵大殿神座被毁，同月，皇家祭天圜丘的望灯杆又被雷电击毁，这均被视为不祥之兆。九月，昭和殿大火，京师地震，一时间人心惶惶。[1]万历三十三年，兵戈、雷击、地震、大火，笼罩着老态龙钟的大明王朝。

也是这一年二月十五日，四川布政潼川州安岳县（明代共设十三个布政司），永丰乡人陈淑晓从家中起身，来到龙门观，一同前往的，还有儿子陈倘、陈完、陈乔、陈判，以及儿媳妇李氏、孙氏、何氏、付氏。陈淑晓素来崇信道教，自号左泉缘人，不久前，他在龙门观道士道清指引下，在观外岩壁开凿了一龛造像，今日完工。龛窟规模恢宏，神灵众多，陈淑晓捐了玉清元始天尊，以及南极十方天尊，陈倘捐了上清灵宝天尊，陈完捐了太清道德天尊，陈

[1]　（清）张廷玉：《明史》，中华书局，1974年。

6-31 三仙洞1号龛，为陈淑晓与儿子、儿媳捐资开凿，龛中造像为后塑

乔捐了玉帝、陈判捐了后土。在道清介绍下，峰门乡几位善人也加入进来。李积、王氏塑了比极圣后，李原、付氏塑了圣祖，李金选、安氏塑了龙童。陈淑晓还慷慨地买下观外田地，交与道清与徒弟元明等耕种，以供道观日常支用。

当年的龙门观，清代更名为月明寺，今又改为三仙洞。道观与寺院更迭，岩壁上的石窟却留存下来。陈淑晓等人开凿的龛窟编号K1，高约285厘米，宽近500厘米，正中开一通壁台基，上面摆放着现代塑的伏羲、牛王菩萨，明代造像早已荡然无存。幸运的是，台基左下方题记留存至今，陈淑晓一家与乡民营建石窟的过程，在一行行楷书中清晰可见：

……大明国四川布政潼川州安岳县永丰乡积德修真□人，陈淑晓号左泉缘人、李氏大念兹在兹，命匠塑妆玉清、南极十方天尊、三十二天神，玉马真容、香炉；陈倘、李氏塑妆上清；陈完、孙氏塑妆太清；陈乔、付氏塑妆玉帝；陈判、何氏塑妆地祇万岁。邑有封门乡善士李积、王氏塑妆比极圣后；李原、付氏塑妆圣祖；李金选、安氏塑妆中洞龙童一驾。各姓□星□□全堂，镌

6-32 三仙洞2号龛，功德主是峰门乡慕氏诸兄弟

妆塑完，福增万倍，永镇乾坤。[1]

龛中造像虽已不存，从题记却不难复原，明代石窟三面均有造像，正中镌刻三清，即元始天尊、灵宝天尊、道德天尊，两壁有玉帝、后土、圣祖、圣后，以及南极十方天尊、三十二天神等。南极十方天尊也称十方救苦天尊、十方大圣；道教认为东西南北各有八位天帝，是为三十二天。奇怪的是，一个早已被禁止的题材，也出现了龛中——圣祖与圣后。

宋大中祥符五年（1012），宋真宗追尊赵玄朗为“上灵高道九天司命保生天尊大帝”，庙号圣祖，尊圣祖母为“元天大圣后”，意图借此将政权神化，一如唐朝奉太上老君为祖先旧事。受此影响，大足南山三清洞、安岳狮子岩中陆续出现宋代圣祖、圣祖母造像。元代宋后，圣祖信仰被明令禁止，盛极一时的圣祖崇拜逐渐衰落，现在看来，在偏僻的四川，这种信仰却顽强地跨越朝代，冲破封锁，延续至明代。

陈淑晓开窟前后，相邻的岩壁也是热火朝天，功德主是峰门乡慕氏诸兄弟，同样在二月十五日完工，今编号K2。洞窟中央有一台基，其上设五个须

[1] 《四川安岳县三仙洞摩崖造像调查报告》收入题记，但错讹较多，此题记乃作者抄录。

弥座，上有五尊造像，如今所见头颅是十多年前塑的，唯有繁复的背光还残留着明代气息。题记显示，綦正春造了法身佛，綦正德塑了龙童，綦正魁塑了化身佛，李现塑了报身佛、观音菩萨，李金孚塑了势智菩萨（即大势至菩萨），看来是个佛窟。[1]

九灵元圣，救苦天尊的九头狮子

陈淑晓生活的万历一朝，道教已是日暮西山。嘉靖皇帝崇道尤甚，朝廷纪纲败坏，穆宗、神宗两朝对道教多有限制，穆宗最是严厉，他一登基，即将嘉靖时活跃的王金、陶世恩等道士缉拿下狱，革去天师道正一真人名号，收缴印章。[2]神宗万历年间虽有所缓和，道教离庙堂终究是越来越远了。但大明王朝与道教裹挟多年，尤其是在政令不通的乡间，老百姓与道教，早已你中有我，我中有你了。

龙门观右侧尚有一面岩壁，陈淑晓思量着再开个新窟，此时道清业已年迈，主持此事的，则是徒弟元明。这便是三仙洞K5，俗称“入天堂”，高445厘米，宽641厘米，洞中开凿太乙救苦天尊，它头戴莲花冠、面目清秀，柳眉杏眼，胡须修长，于三层仰莲莲台上结跏趺坐，双手于胸前持莲蕾，莲台下镌刻狮子，狮头左右各有个四头小狮脸，寓意九头。

《西游记》第八十九回“黄狮精虚设钉钯宴，金木土计闹豹头山”，唐僧师徒到了天竺国玉华县，受到玉华王热情款待，孙悟空、猪八戒、沙和尚收下三个小王子为徒，并唤来铁匠，以金箍棒、九齿钯、降妖杖为样本打造兵器。豹头山中的黄狮怪深夜偷走兵器，悟空自然吃不得这亏，寻到山中，将洞中小妖尽数诛杀。这黄狮精的祖爷，乃是竹节山九灵元圣，听闻徒孙受了欺负，领着猱狮、雪狮、狻猊、白泽、伏狸、抟象前来报仇，它露出九头，将唐僧、八戒、玉华王、王子衔走。悟空唤来竹节山的土地，才得知九头狮子主人原是太乙救苦天尊。

太乙救苦天尊，也称寻声救苦天尊、东极青华大帝，它在《西游记》中的篇幅虽不多，在道教的地位却极为尊贵。传说世人危难之时呼唤天尊名号，它便循声前往解救；它又是地狱拯救者，九头狮子一吼，即能打开地狱之门，引

[1] 题记至今仍存，位于K2台基左下方。

[2] 卿希泰主编：《中国道教史》第四卷，四川人民出版社，1996年。

6-33 三仙洞K5，俗称“人天堂”，高445厘米、宽641厘米，洞中现存太乙救苦天尊一尊

领亡魂脱离苦海。太乙救苦天尊如同佛教的观音、地藏菩萨，兼济生死，这或许也是陈淑晓开凿这龛天尊的原因——既为生者祈福，也解救亡者。

救苦天尊旁边散落着几个清代无头圆雕，除此之外，龛中再无造像。明代石窟里的题材似乎更为丰富，万历乙卯（1615，万历四十三年）镌刻的《重修记》载：“……幸永丰善士陈淑晓睹此仙洞叹然，踊跃喜赀，命道元明镌妆救苦慈尊、圣父圣母、南斗六司真君，续于混元洞中镌妆太上老君。长男陈倘李氏金妆北斗七元真君、四渎源王、青龙白虎二将，陈判何氏金妆真人、金童玉女四位。”[1]

[1] 明《重修记》位于K6右壁，题记系作者抄录。

明代“入天堂”中尚有四渎源王、北斗七元真君、南斗六司真君等。中国人常说“五岳四渎”，四渎是江、河、淮、济四条河流统称。从周朝开始，历代帝王便祭祀四渎，并在汉代确立岁时祭祀的制度。唐玄宗加封江渎为广源公，河渎为灵源公，淮渎为长源公，济渎为清源公。宋康定元年（1040），宋仁宗晋封江渎为广源王，河渎为显圣灵源王，淮渎为长源王，济渎为清源王。道教将四渎纳入神系，与五湖大神、九江水帝同为主管江河湖泊的神灵。

天堂与地狱，窦可进的龙门观之旅

明天启元年（1621）九月，窦可进与翟县令以及县中廪生一起，出城到龙门观游玩。窦可进，安岳人，万历四十四年（1616）中进士，时任户部广东清吏司郎中，正五品。在元明指引下，窦可进游览了道观，此时龙门观最大的龛窟业已完工，漫步其中，恍若仙府。元明讲述了营造石窟的过程，并请窦可进撰写碑文，这便是《龙门观增建胜境记》：

……万历初道人一天讳清，因古洞增置左右三洞、偏楼数间，以成三教，而右方岩岩秀石若峭壁然。一天徒元明号映空者，生而颖异，长而英敏，得异人指授，以成妙手，更凿石穿岩，宏开新洞一所，高阜广阔，俨若堂构然。中镌圣像一，左右儒释正像七，两旁列天神、罗汉、雷霆、仙侣无不备具，盖融汇三教为一天矣。洞中信手妆画，有祈辄应，即缙绅辈亦丛戴之。洞之底更建十王殿寝，而判官、鬼卒森森公行，宛乎地府景象焉。[1]

题记中的石窟，今编号K6，俗称“混元洞”，也是三仙洞规模最大、保存最完好的龛窟，高446厘米、宽1006厘米，正中雕一台基，其上雕老君、孔子、释迦，左右二菩萨。道教的老君，儒家的孔子，佛教的释迦牟尼，其乐融融地坐在了一起，这样的题材，被称为“三教合一”。明代佛教、道教大有融合的趋势，龙门观也是如此，观中常有僧人留驻。陈淑晓一家造的是道教造像，碑文的开头却写了“南无阿弥陀佛”六个大字。

菩萨两侧有站像两尊。左侧男子头挽高髻，双目微睁，胡须浓密，身着长袍，脚踏云头鞋，双手覆巾交于胸前。右侧女子头戴凤冠，面容方正，眼睛微

---

[1] 题记位于K5、K6之间的岩壁上，至今仍存，内容为作者抄录。

6-34 三仙洞6号窟混元洞，正壁开凿老君、孔子、释迦与二菩萨

6-35 混元洞正壁太上老君

6-36 混元洞正壁左侧立像

6-37 混元洞正壁右侧碧霞元君，这也是明代流行题材

6-38 元明也将自己的形象留在了窟壁上

睁，双手于身前持物，当为明代流行的碧霞元君。元君背后的岩壁上，一头绾高髻的男子侧身而卧，身旁有一竖长方形台，其上写着：元明像——他便是元明。

混元洞两壁自上而下凿了三个横长方形龛，镌刻数十尊造像，便是《龙门观增建胜境记》中记载的“天神、罗汉、雷霆、仙侣”了。左壁第一层正中镌菩萨，左右天神七位。第三层罗汉九尊。第二层立像八身，多以武将为主，第一尊头戴五梁冠，浓眉大眼，大嘴张开，尖爪，身后张开双翅，他是雷公。旁边的这位，头戴圆脚幞头，长须及胸，身着长袍，束腰带，左手怀抱一竖状物，上书：雷霆都司。

古人看到电闪雷鸣，刮风下雨等自然现象，认为天上有神仙主宰着这一切，遂创造出雷公、电母、风伯、雨师。雷电轰隆，霹雳闪耀，雷神的威力令人尤为震撼，道教有五雷、十雷、三十六雷之说，却仍不满足，又创造出完整的雷部神系，主宰者为“九天应元雷省普化天尊”，总领雷部，住在神霄玉府，其下设九司、三省。九司由玉府判府真君、玉府左右侍中、玉府左右仆射、天雷上相、玉枢使相、斗枢上相、上清司命玉府右卿、五雷院使君、雷霆都司元命真君掌管，三省则包括雷霆泰省、雷霆玄省、雷霆都省。那位武将，应该就是雷霆都司中的一员了。

右壁造像与左壁相似，第一层同样为菩萨与天神，第三层为罗汉，第二层几尊造像颇有趣味。武将头扎方巾，柳眉杏眼，身披铠甲，外罩绿袍，左手抚须，右手倒提青龙偃月刀，便是关羽了。万历十年（1582），明神宗将关羽封为“协天护国忠义帝”，关羽慢慢被吸收进道教神系，开始了神化的过程。不过此时的关羽还只是跑龙套的小角色，待到清代，他才摇身一变为道教尊神。

元明还在混元洞中捐资了一尊吕洞宾像，他仙风道骨，身着宽袖长袍，双手于怀中抱葫芦，背插宝剑，露出剑柄。明代杂剧流行，其中多部杂剧写的是吕洞宾度人成仙之事，比如明初谷子敬著《吕洞宾三度城南柳》，贾中明著《吕洞宾桃李升仙梦》，无名氏著《吕洞宾戏白牡丹》《吕纯阳点化度黄龙》，其中又以汤显祖的《邯郸记》最为流行，这也是“临川四梦”最后一梦：吕洞宾在赵州桥头小店偶遇卢生，见他骨格清奇，有心点化成仙。卢生自幼熟读诗书，却屡试不第。吕洞宾送他一方瓷枕，卢生枕着瓷枕，慢慢进入梦乡。他误入一所宅邸，恰好府中招赘，与崔小姐结为百年之好。新婚燕尔，卢生进京赶考，得中进士，除为翰林学士。考官宇文融因收取贿赂不成，心生怨

6-39 混元洞左壁自上而下凿了三个横长方形龛，镌刻数十尊造像

6-10 混元洞右壁

6-41 混元洞左壁雷公像

6-42 右壁关羽像特写

6-43 混元洞右壁，右侧第一尊为吕洞宾造像

6-44 混元洞右壁造像特写

恨，一心寻机会报复，向天子进谗，卢生被贬为陕州知州，却因祸得福，因开河有功，得到天子赏识。此时边关告急，宇文融又心生一计，让手无缚鸡之力的卢生挂帅征战，卢生出任河西节度使，率兵智敌吐蕃，凯旋后官至定西侯。宇文融又谗言卢生勾结吐蕃谋反，天子震怒，将卢生发配到广南鬼门关，崔氏也被打入机坊做女工。三年之后，吐蕃使臣前来朝拜，天子才得知冤枉了卢生，将之召回京城，加封赵国公，食邑五千户。卢生位极人臣，高官厚禄，八十余岁时因纵欲得病，命归西天，家人哭哭啼啼料理后事。卢生被哭声惊醒，看到店小二烧的黄粱饭尚未煮熟，才知道刚刚经历的乃是梦境，从此恍然醒悟，一心求道，成语“黄粱一梦”即由此而来。

“何仙姑独游花下。吕洞宾三过岳阳。俏崔氏坐成花烛。蠢卢生梦醒黄粱。”脍炙人口的杂剧几乎唱遍了大明王朝的每个州县。此外，《铁拐李度金童玉女》《钟离权度脱蓝采和》等杂剧也颇为流行。这些神仙故事朗朗上口，迎合了民间喜好，吕洞宾、铁拐李、汉钟离也成为家喻户晓的人物，经过戏剧家的加工，最终汇成了国人喜闻乐见的“八仙”。

在元明游说下，永丰乡、峰门乡乡民纷纷加入造像的行列中，李时极出资妆彩了老子、释迦。陈淑晓一家，也继续着与龙门观的缘分，陈淑晓认领了洞中的老君，陈倘捐了尊神将，神将衣服上可见“陈倘付氏”题记。陈倘的原配李氏此时可能业已去世，续弦付氏。斯人已逝，令人扼腕。

混元洞下方，元明又找来工匠开凿了一龛地狱十王，宽1700余厘米，一殿秦广王、二殿楚江王、三殿宋帝王、四殿五官王、五殿阎罗王、六殿变成王、七殿泰山王、八殿都市王、九殿平等王、十殿转轮王一字排开，镬汤、刀山、寒冰、锯肢、剖腹……地狱中的种种苦楚，在岩壁上一一呈现。难怪当年窦可进感叹，“游斯境者，睹天堂而兴思，则趋善心油然生矣。悲地狱苦而揖志，则避恶念勃然动矣”。天堂与地狱，就在善恶一念之间。

天启年间，龙门观大规模开龛业已停止。窦可进或许不会想到，仅仅二十多年后，他效力的大明王朝就轰然倒塌。1644年，张献忠领着大西军进入四川，安岳城沦陷，告老还乡的窦可进宁死不屈，被贼人剥皮肢解而死。[1]龙门观中的道人或流亡，或被杀，道观也就荒废了。七十多年后，已是清康熙六十年（1721），附近百姓集资，妆彩了崖壁上的石窟，这片断壁残垣中又新建了座寺院，它叫月明寺。没有人记得，这里曾经是座道观。

---

[1]（清）徐鼒：《小腆纪传》，中华书局，1958年。

6-45 混元洞中的造像，应该是不同的家庭捐资的，这尊造像为李时极、邓氏捐资

6-46 三仙洞地狱十王局部

6-47 地狱十王局部

清

俗世传奇

文昌帝君与天聋地哑

年代	代表石窟	供养人	代表造像
清	四川巴中朝陽洞　湖南張家界玉皇洞　云南昆明西山 重慶大足寶頂山部分龕窟	劉正書　李京開　楊壽春	藥王　華佗　關帝　關平　周倉　魁星　財神趙公明 土地公婆　八仙　山君道祖

嘉靖皇帝崇道尤甚，使得明朝百弊丛生、国势颓败，明穆宗鉴于嘉靖崇道过滥的教训，处死王金、申世恩、刘文彬等一批道士，道教从此走上了下坡路。许是看到了明朝亡国的故事，清人立国后对道教并无好感，顺治三年（1646），江西巡抚李翔凤上贡正一真人符四十幅，本是例行给新王朝添个彩头，顺治皇帝却认为此举会招致天下效尤，下诏免除。

顺治、康熙、雍正对道教的防范与约束虽严，却始终对龙虎山天师给予礼遇，道教的处境尚过得去，龙虎山道士娄近垣还医好了雍正的病，雍正封其为妙正真人，视为座上宾，这或许是道教在清代难得的暖阳了。

相比之下，乾隆皇帝就多少显得有些刻薄了。乾隆帝于1739年下诏："嗣后真人差委法员往各省开坛传度，一概永行禁止。如有法员潜往各省选道士、受箓传徒者，一经发觉，将法员治罪，该真人一并议处。"这则诏书将天师道的传道局限在江西境内，禁止到其他省份传道，倘若法员犯罪，连真人都要被治罪。就在这份诏书下达的第二年，又令天师不再进京朝觐。乾隆十二年（1747），又将天师从二品降到了五品。终清一朝，道教都未能在朝廷上赢得话语权，地位一落千丈。

纵然是不情不愿，道教不得不远离朝堂，转而走向民间。时至清代，道教谱系也发生了变化，诸如财神、药王、关帝、土地、八仙等逐渐流行，这些"实用性"更强的神祇，迅速占据了造像的主流，求财富，求子嗣，求健康，求婚姻，求丰收，求雨水。在中国人的日常生活中，道教也几乎无处不在，从一年的正月到十二月，几乎月月都有道教神祇的节日，比如正月初五祭财神，正月初九祭玉帝，正月十五上元节祭天官，二月祭土地，三月祭城隍，五月祭关公，六月祭二郎神，七月祭魁星……从新春伊始到岁末，道教悄无声息地融入老百姓的生活，写下了一篇篇充满世俗味、人情味的传奇。

中国人多拜财神，财神即《封神演义》中的赵公明，因掌管天下财帛为世人追捧。佛教中的药师佛掌管着众生的生老病死，道教本没有掌管健康的神祇，道教徒把目光瞄准了唐代名医孙思邈，尊为药王。四川省巴中市朝阳洞中的财神、药王龛，便是这种信仰的反映，主持开凿的，是明末清初“湖广填四川”迁徙而来的刘氏家族，这也为了解移民信仰提供了翔实的史料。

“八仙过海”的故事几乎家喻户晓，其产生却充满了戏剧色彩——他们第一次出现，并非在道教典籍中，而是元杂剧里，这不由得让人怀疑，八仙的形成究竟是道教徒的创造，还是戏剧家的演义。土地公公是道教的基层神祇，《西游记》中，孙悟空每到一个山头，便把土地公公唤出来了解情况。湖南省张家界市玉皇洞由乡绅李京开一手筹划，峰泉洞与玉金洞中的八仙、土地，堪称清代石窟的佼佼者。

清代末年的太平天国运动由“拜上帝会”组织，不仅打击了清王朝，给传统的儒释道三教也带来巨大冲击，五四运动后，道教也在新文化冲击下愈发式微。清代石窟艺术已是余绪，清人往往热衷于对前朝石窟培修、妆彩、贴金，对大规模造像没有太大兴趣，纵有开龛也是见缝插针，比如重庆大足宝顶山，清人就在连崖成片的南宋石窟缝隙间开凿了“三清”、财神、山君道祖等，完整的清代道教石窟堪称凤毛麟角。

“湖广填四川”家族的信仰史
巴中朝阳洞

四川省巴中市除明代广佛洞、龙潭子外，凤仪村凤仪山上还留存着清代石窟，是“湖广填四川”中迁徙而来的刘氏家族主持开凿的，刘氏康熙年间入川，几代人筚路蓝缕，最终在四川立足，那些大大小小的龛窟成为他们在异乡的精神支柱。凤仪山现存道教石窟20余龛，清代“三清”、玉皇大帝依旧流行，而药王、华佗、关帝、财神等与老百姓息息相关的神祇成为新时尚。

有清一代，道教从庙堂走向民间

大清乾隆四十一年（1776）的一天，四川北道保宁府巴州下在城[1]，刘正书走向狮子山，一路上松柏参天、绿树成阴，令他颇觉心旷神怡。刘正书生平笃信道教，狮子山上有座小庙名朝阳洞，不久前，刘正书与乡民募集资金，请来工匠在岩壁开凿道教神仙，如今已初具规模，太阳阁、月亮阁、文昌阁、玉皇大帝阁之间以栈道相连，善男信女在神像面前燃起香烛，虔诚地磕头作揖。

刘正书生活的乾隆年间，道教的影响早已大不如前，想来刘正书也听说，江西龙虎山的张真人从二品降为了五品，龙虎山天师道是道教的脸面，天师被贬，伤的那是整个道教的颜面。《癸巳存稿》卷十三《张天师旧事》载：“乾隆十二年，改二品为五品，停朝觐筵宴，收缴银印。”[2]清朝立国后信奉藏传佛教，尽管顺治、康熙、雍正三朝对道教约束较严，却对天师礼遇有加，道教的处境尚勉强过得去，不过自乾隆朝起，道教的处境愈发困难，不仅天师被

---

[1] 朝阳洞存多块清代题记，其中一块可见“巴州下在城一甲山主刘正书……”。

[2] （清）俞正燮：《癸巳存稿》，商务印书馆，1937年。

贬，甚至连传道都局限在龙虎山一带，倘若门人到其他省份传道，天师都将被一同治罪。

远离了庙堂的道教在民间却仍有着巨大的影响力，清朝几乎每个州县中都有道观。而在更为偏僻的乡村岩壁上、道路旁、宗祠中，也供奉着为数众多的道教造像。天干求下雨，生病求康复，科举求功名，农耕求收成，老百姓的生老病死、喜怒哀乐与道教联系在一起，这也是道教在民间生存的土壤。

刘正书百年之后，道光十七年（1837）秋九月朔六日，刘氏族人在朝阳洞住持海月，徒寂真、寂莲等见证下，举行了一场盛大的祭祖仪式，并在岩壁刻碑为记：

祖籍陶唐，郡名彭城，其来历远矣。后移于江南安庆府钱山县刘家塆。甲申兵变，洪武入川，移于广元县黄央堡难草坪。清朝康熙三十八年，高祖刘茂

7-1 朝阳洞清代三清窟，正中为元始天尊，左为手持如意的太上道君，右为手持蒲扇的太上老君

孝，二高祖喻成业弟兄二人插占铁炉沟周家营。朝阳硐菩萨显应。祖父刘正书同众募化十方捐修，功果园满，自塑真身庙内，以受万年香火者矣。[1]

碑文勾勒出刘氏家族的迁徙史：刘氏祖籍彭城郡（治彭城县，今江苏徐州市），后迁徙至安徽钱山县刘家塆。明崇祯十七年（1644），李自成攻入北京，随后清军入关，刘氏又迁徙到四川广元县黄央堡难草坪。康熙三十八年（1699），高祖刘茂孝、二高祖喻成业弟兄插占铁炉沟周家营，历经几代人的披星戴月、筚路蓝缕，最终在异乡立足，至祖父刘正书时，见朝阳洞神仙显灵，遂与乡民募资开凿石窟。

明末清初，经历了数十年的战乱，素有“天府之国”美誉的四川人口锐减、土地荒芜，来自湖广、江西、安徽、广东、福建等地移民纷纷入川，当时只要是无主的土地，移民皆能占为己有，称为“插占”。于是，荒芜的土地上出现了一个个垦荒的背影，集镇里游走着一批批操着异乡口音的商贾，这便是“湖广填四川”。

朝阳洞石窟和刘氏家族的故事，一直被封存在深山之中，直到第三次文物普查时才被发现。完整的清代道教石窟群颇为罕见，题记、碑文也详细记录了刘氏家族营建历史。因此，朝阳洞弥足珍贵。

财神，最受中国人喜爱的道教神祇

一个多世纪后，狮子山改称凤仪山，当年香火旺盛的朝阳洞也是门庭冷落。我来到这里时，林书兵正在屋顶换青瓦，这几天赶上庙里维修屋顶，庙依山而建，下面是深达百余米的山谷，邻村工匠才上去半天，腿不停哆嗦，结果工钱没要就走了，年逾古稀的林书兵早些年做过几天泥水匠，就跟几个老伙计自己动手。听得我是来看石窟的，他拍拍身上的灰尘，猫着身子从梯子下来给我领路。

寺庙依山崖而建，大殿里横了几根竹竿，上面晾着酸菜，移开竹竿，岩壁上的观音、托塔李天王、财神露了出来。财神赵公明怒目圆瞪，长须及胸，身着铠甲，手持钢鞭，骑在黑虎之上。

---

[1] 碑文系作者抄录。

7-2 财神，最受中国人喜爱的道教神祇，清代财神以赵公明最为流行，朝阳洞财神骑着黑虎，手持钢鞭

中国人信奉财神，这位道教尊神品阶虽不高，却掌管招财进宝，与世人的利益息息相关，也是道教拿捏中国人心理的一大杰作。赵公明早期形象并不光彩，甚至有些可怖。晋人干宝的《搜神记》载，散骑侍郎王佑一日听到门外有人造访，称上帝派遣三位将军到人间征兵，自己是赵公明将军属下。王佑自知大限已到，想到自己一死，老母无人照顾，不由黯然神伤。冥将见王佑事母至孝，便到赵公明那里给他求情，王佑才想起民间有上帝派遣三将军各领群鬼到人间取人的说法，其中一位便是赵公明。

7-3 大足宝顶山财神赵公明夫妇像

7-4 财神赵公明夫妇像线描图

隋代，赵公明的名声也好不到哪去。开皇十一年（591）夏天，长安城空中五位力士隐约可见，百姓争相围观。隋文帝问大臣此是何神，太史张居仁说："此乃五方力士，在天为五鬼，在地为五瘟，即春瘟张元伯、夏瘟刘元达、秋瘟赵公明、冬瘟钟士贵，总管中瘟史文业。五瘟一出，恐怕今年要发生瘟疫了。"果然，那一年瘟疫流行，隋文帝为五瘟立祠，并在每年五月初五举行祭祀仪式，祈求它们不再危害人间。

时至明代，赵公明逐渐摆脱了之前的冥神、瘟神形象。《历代神仙通鉴》记载，张天师在天庭炼丹，一日忽地来了个铁面虬髯、手持金鞭的神仙，自称赵公明，愿为天师守护丹炉，玉帝封他为"正一玄坛元帅"，这也是赵公明被称为赵玄坛、赵元帅的来历。虽然只是区区守炉官，赵公明的本领却似乎比张天师大得多，他"驱雷役电，唤雨呼风，除瘟剪疟，保病禳灾""至如讼冤伸抑，公能使之解释，公平买卖求财，公能使之宜利和合。但有公平之事，可以对神祷，无不如意"。[1]由此看来，明代赵公明已经主持公平买卖了，这或许是他后来被奉为财神的原因吧。

明代的赵公明虽然法术高强，却极少被单独供奉，经过神魔小说《封神演义》的渲染，这才变成家喻户晓的人物。幼时读《封神演义》，截教的神仙大多没甚本事，印象中最厉害的就属赵公明了。赵公明本是峨眉罗浮山仙人，被闻太师请来当救兵，姜子牙领着哪吒、雷震子、黄天化、杨戬、金木二吒前来迎战，《封神演义》第四十七回"公明辅佐闻太师"绘声绘色地描写了这场恶斗：

（赵公明）提鞭纵虎来取子牙。子牙仗剑急架忙还。二兽相交。未及数合，公明祭鞭在空中，神光闪灼如电，其实惊人。子牙躲不及，被一鞭打下鞍鞒。哪吒急来，使火尖枪敌住公明。金吒救回姜子牙。子牙被鞭打伤后心，死了。哪吒使开枪法，战未数合，又被公明一鞭打下风火轮来。黄天化看见，催开玉麒麟，使两柄锤抵住公明。又飞起雷震子，展开黄金棍，往下打来。杨戬纵马摇枪，将赵公明裹在垓心。只杀得：天昏地焕无光彩，宇宙浑然黑雾迷。[2]

---

[1] 佚名著，王孺童校：《三教源流搜神大全》，中华书局，2019年。

[2] （明）许仲琳：《封神演义》，中华书局，2009年。

赵公明一鞭将姜子牙打得半死，将哪吒打下风火轮，力战黄天化、杨戬、雷震子，也不落于下风，接连把广成子、道行天尊打伤，又一鞭打死武夷山散人萧升，真是个厉害角色。姜子牙无计可施，西昆仑山道人陆压前来献计，在岐山设一坛，扎一草人，上书“赵公明”三字，头上一盏灯，足下一盏灯，一日三次拜礼。二十一天后，陆压送来桑弓桃箭，姜子牙先射草人左目，再射右目，最后射心窝，可怜赵公明便死在这邪门歪道之下。

姜子牙灭商后主持封神仪式，将赵公明封为“金龙如意正一龙虎玄坛真君”，手下有“招宝天尊萧升”“纳珍天尊曹宝”“招财使者陈九公”“利市仙官姚少司”四位神仙，专司迎祥纳财、商贾买卖，赵公明也就成了名副其实的财神。

赵公明为武财神，中国神话中还有文财神。文财神的说法不一，有说是《封神演义》的比干，他因谏言商纣王，为妲己所不容，妲己称身体有疾，需得比干七窍玲珑心入药。民间又传说比干无心，故能无偏无向。也说是春秋谋士范蠡，他帮助越王勾践灭吴，功成名就后急流勇退，自号陶朱公，三次经商成为江南巨富，又三散家财，历来被视为儒商的代表。流传最广则是李诡祖，在天庭为“都天致富财帛星君”，专管天下金银财帛。旧时年画之上，李诡祖头戴朝冠，身穿红袍，左手执如意，右手执聚宝盆，上书“招财进宝”四字，与福、禄、寿、喜神一起，统称福、禄、寿、喜、财。

既然财神为民间喜闻乐见，为何直到明代才流行起来呢？中国传统儒家文化宣扬“君子爱财，取之有道”“君子喻于义，小人喻于利”的价值观。《世说新语》将“德行”放在首位，其中“管宁割席”故事颇能反映古人对钱财的态度：

管宁、华歆共园中锄菜。见地有片金，管挥锄与瓦石不异，华捉而掷去之。又尝同席读书，有乘轩冕过门者，宁读如故，歆废书出看。宁割席分坐，曰：“子非吾友也。”[1]

管宁、华歆在园中锄菜时挖出黄金，管宁弃之如瓦，华歆视若珍宝。两人对黄金的态度，直接体现了德行的高低。在这种思维影响下，中国人对财富的

[1]（南朝宋）刘义庆：《世说新语》，上海古籍出版社，1984年。

态度一直小心翼翼。明代商品经济的发展，促使商人地位的升高，追逐财富不再被视为有碍德行，财神信仰才随之出现。

药王，身体健康比得道成仙来得实在

更多石窟在半山腰，大殿旁有个楼梯可以通到朝阳洞，由于年久失修，楼梯已经松动，踩在上面晃悠悠的，有的楼梯掉了，得两步并一步跨过去，底下就是十多米高的深谷。

朝阳洞是个天然山洞，当年，刘正书与乡民利用山洞陆续开凿了“三清”、关帝、药王、华佗等龛窟。药王身穿灰色圆领袍服，双手上举托龙，胯下骑着黄虎，左右各有一童子，一个背着包袱，一个手捧葫芦，龛边的楷体小字业已斑驳，隐约可见“发心……刻药王华佗二位菩萨……嘉庆七年正月”字迹。

佛教的药师佛掌管着众生生老病死，道教本没有掌管健康的神祇，道教徒把目光投向中国历史上的神医，唐人孙思邈被选中，完成了从人到神的转变。孙思邈自幼体弱多病，从小立誓学医，二十岁时便可为乡邻开方治病，一生致力行医，勤于著书，以《千金要方》《千金翼方》影响最大，合称《千金方》，被誉为我国最早的一部临床医学百科全书。唐太宗李世民赞孙思邈：“凿开径路，名魁大医。羽翼三圣，调和四时。降龙伏虎，拯衰救危。巍巍堂堂，百代之师。”[1]宋徽宗敕封为“妙应真人”，尊为“药王”。

道教有部《药王经》，就是宣扬信奉药王的种种好处的，其中有几句是这样的：“药王孙公真人，天门九炼丹成。唐王授封真宰，公侯受禄金门。钦赐锦袍玉带，金樽御酒饯行。或往灵山访道，或游下界救民。济旱雨飞符水，度人药施杏林。胡僧传方甚验，海上仙丹最灵。伏虎降龙有本，灵丹妙药最灵。”在医疗条件尚未成熟的古代，老百姓生了病常依赖神仙，也正因为此，清代的药王信仰极为流行，风头远远盖过了“三清”“四御”。究其原因，对于普通百姓而言，身体健康或许比成仙得道来得更加现实吧。

中国历史上的神医不少，除了孙思邈，春秋时的扁鹊、东汉末年的华佗也是受人敬仰的名医，药王旁边有个眉目慈祥的中年男子，身着红色对襟长袍，

---

[1] 太宗皇帝：《赐真人孙思邈颂》，（清）董诰等编：《全唐文》卷四，中华书局，1983年。

7-5 药王孙思邈与华佗像旁边的岩壁上“发心……刻药王华佗二位菩萨……嘉庆七年正月”的字迹至今仍隐约可见

戴着瓜皮小帽，便是题记中的华佗了。华佗精通外科，擅于手术，被誉为“外科圣手”，《三国演义》中为关云长“刮骨疗伤”那一段，更是把他渲染得神乎其神，成为古代戏剧中经久不衰的题材。不过，历史上的华佗为曹操所杀，未得善终，活得不长，他的故事也就流传不广，其形象始终没有药王孙思邈那般流行了。

今天，林书兵带了把香，插在药王、华佗前的雕花香炉里，久违的香火味弥漫了整个朝阳洞。他说，几十年前，村里还有老人来上香，后来楼梯坏了，老人爬不上来，这里的神灵已经很久没有享受到人间烟火了。小时候，父母常

7-6 清代药王的标准形象，双手托龙，身骑黄虎

7-7 药王与童子像线描图

带着他到药王面前，磕头作揖，那时农村娃娃命贱，拜了药王才能健康地活下来。村里的新媳妇久婚不育的，也偷偷到朝阳洞，她们跪在药王像前，哭成了泪人，如果再没有个一子半女，恐怕这日子是过不下去了。临走之前，新媳妇把在家里做好的小鞋子放在药王面前，四川话中，“鞋子”与“孩子”谐音，小鞋子隐讳地寄予了她们想要个孩子的愿望。

关羽，从三国武将到道教大帝

药王、华佗旁的龛窟供奉三位武将，便是国人熟悉的关羽、关平、周仓了。关公柳眉杏眼，身披甲胄，外罩战袍，足套长靴，胸前有护心镜，左手抚膝，右手握于胸前，似在运筹帷幄；义子关平是位眉目清秀的武将，手捧官印；周仓体格剽悍，留着络腮胡子，左手持青龙偃月刀，右手叉腰。

说起关羽，那可是家喻户晓的人物。东汉末年，刘备招兵买马，关羽与张飞前往投靠，三人结为异姓兄弟。关羽骁勇善战，温酒斩华雄，杀颜良，诛文丑，被曹操视为座上宾，上表为汉寿亭侯。关羽听说刘备尚在人间，遂挂印封金，过五关斩六将，终得兄弟团聚。刘备占领汉中后，关羽镇守荆州，擒于禁、斩庞德，孙权派兵偷袭荆州，关羽败走麦城，为吕蒙擒杀。

这是《三国演义》的关羽，也是我们熟知的关公；而他成为道教的关帝，则是一部鲜为人知的“造神史”。从三国到唐代，关羽在民间的影响并不大，当时祭祀武成王姜子牙的武庙，从祀的只有西汉张良等“亚圣十哲”，关羽连配享的资格也没有，唐德宗建中三年（782年）增祀“古今名将凡六十四人”，关羽才以“蜀前将军汉寿亭侯”身份进入武庙。但就连这来之不易的地位，北宋时也被剥夺，宋太祖赵匡胤视察武庙，看到两廊配享的历代武将，表示只有“功业始终无瑕者”才能配享，关羽可能因为曾“走麦城”被废黜，他的义弟张飞也同时被赶出了武庙。宋真宗时，关羽才又恢复了配享地位。

北宋末年，宋朝在与金朝交战中屡战屡败，丢掉了黄河以北的大片领土，“道君皇帝”宋徽宗把希望寄托在道教上，关羽被选出，扛起了抗金的大旗。史书中的关羽一直被视为忠义的化身，宋徽宗此举，显然想笼络人心，让身处金国统治下的百姓能像关羽一样忠君报国。崇宁元年（1102），宋徽宗册封关羽为“忠惠公”，大观二年（1108）加封为“昭烈武安王”，宣和五年（1123）年再封为“义勇武安王”。关羽庙如雨后春笋一般兴起，北宋亡国后，有人还将《劝勇文》张贴在关羽庙中，号召义士奋勇杀敌，抗击金人。

7-8 朝阳洞关羽、周仓、关平造像

7-9 手捧官印的关平。关平是关公义子，关羽败走麦城，关平也遭孙权杀害

7-10 手持青龙偃月刀的周仓。周仓是关羽部将，关羽被道教封为大帝后，他也被当成神仙祭祀，中国许多地方立有周仓庙

元末明初，古典小说《三国演义》成书，关羽遂成为家喻户晓、妇孺皆知的人物，茶馆里的评书先生津津乐道地讲着“桃园结义”“华容放曹”的故事，关羽俨然成为勇武与忠义的化身。万历年间，明神宗将关羽封为“协天护国忠义帝”“三界伏魔大帝神威远镇天尊关圣帝君”，以陆秀夫、张世杰为丞相，岳飞为元帅，关羽跃居历代武将之上，成为古今第一名将，甚至有取代武成王姜子牙的势头。

清代关羽信仰达到高峰，当时满人将领行军打仗，常揣着《三国演义》，入关后自觉得到关羽庇佑，在皇宫后门地安门建庙，每岁五月十三日祭祀。乾隆年间，庄恪亲王主持编纂连台本大戏《鼎峙春秋》，演出三国故事，每当关老爷出场，即便帝王、后妃也要站起来，以示对他的崇敬。光绪一朝，关羽崇拜达到顶峰，皇帝给关羽的封号竟有二十六字：忠义神武灵佑仁勇威显护国保民精诚绥靖翊赞宣德关圣大帝。关羽由一名武将，由王至帝，由帝至大帝，走向了巅峰。

有清一代，关圣大帝晋身道教“新贵”，以北京为例，祭祀关羽的庙宇有116座之多，几乎占京师庙宇的三分之一。在大清王朝广袤的土地上，关圣庙、关帝庙、老爷庙同样为数众多，在偏僻的乡野，那些木雕、泥塑、石刻的关羽像更是不计其数，甚至连部将周仓、义子关平都被当成神灵同享香火。

佛教见关帝的影响太大，宣称天台宗智大师在当阳玉泉山建精舍时，关羽曾请求受戒，成为该寺伽蓝，也就是护法神。宋代以后，佛教寺院都争着把关羽拉作寺院伽蓝，杭州灵隐寺十八伽蓝旁就加上了关羽。不过，关帝在道教地位如此之高，在佛教只当个区区护法，未免大材小用，自然也就信徒寥寥了。

文昌帝君，与孔夫子同分半壁江山

关羽正对的岩壁上，就是那通道光十七年（1837）的古碑了，清秀的楷书清晰可见，也勾勒出石窟的营建过程。朝阳洞中岩面用完之后，刘正书与乡民又在更高的岩壁开凿了玉皇大帝、文昌帝君、日神月神等，并兴建楼阁，架设栈道相连。站在楼阁上远眺，大片的麦田、油菜花地铺满山谷，牵着耕牛的老百姓在地里劳作，小船儿划过碧绿的河流，从清代开始，这些道教诸神便在岩壁上俯视着脚下的芸芸众生，直至今日。

玉皇大帝龛高约80厘米、宽100厘米，位于岩壁最高处，暗合玉帝在天庭

7-11 文昌帝君与天聋地哑造像，晚清中国文昌祠、文昌宫的数量超过了文庙，这位道教尊神甚至抢了孔老夫子的风头

至高无上的地位。玉帝头戴高冠，身披红色长袍，双手于胸前捧笏板，左右有两个男性侍从。龛窟下方有则墨书题记：“玉皇大帝……身体康健眼目光明……弟子杨寿春光绪二年七月”。杨寿春可能因眼疾在玉帝前许过愿，并在光绪二年（1876）来此还愿。

比起唐宋，清代石窟又自有特色，清人喜好雕凿成粗坯后，再涂上膏灰塑形，然后以墨笔绘出眉目。玉皇大帝的眉毛、胡子、睫毛用墨笔勾出，眼睛则用白笔涂抹。有意思的是，龛口有两个护法神，一个脚踏风火轮，脖子上套着项圈，手持红缨枪，是为哪吒；另外一个是光头和尚，一身蓝袍，脚踏祥云，手持大棒，是否就是齐天大圣孙悟空？清代早已不像唐、宋时有标准的造像仪轨，石匠更多是以自己的理解来雕凿石窟，在他们看来，玉皇大帝如村里的员外一般富贵，《西游记》中的哪吒、孙悟空也成了天庭的护法神，恐怕也只有这乡野中的工匠才能雕出如此乡土味十足的石窟了。

文昌阁高280厘米、宽230厘米、进深149厘米，是朝阳洞最大的一窟，龛

7-12 朝阳洞清代日神，在无休止的岁月流逝中，日神的脸部已漫漶不清

7-13 清代月神，汉代画像砖中已出现了日神、月神图案，以金乌与蟾蜍代指日月，日神、月神信仰后被纳入道教

7-14 玉皇大帝龛

7-15 玉皇大帝龛口左边的侍从，脚踩风火轮，手持红缨枪，与《西游记》中的哪吒形象很是吻合

7-16 玉皇大帝龛口右边的侍从，一个光头行者形象，身着蓝袍，手持金箍棒，有学者认为这便是《西游记》中的孙悟空

楣横刻楷书“神光普照”。文昌帝君身着黑色圆领长袍，头戴直脚幞头，腰系玉带，端坐在双龙头椅上。明代流传的文昌信仰，清代更为兴盛，咸丰六年（1856），文昌帝君与关帝一起，由“群祀”升至“中祀”，朝廷颁发文昌乐章、祝文，与文宣王孔子等同。晚清中国文昌祠、文昌宫的数量一度超过文庙，遍布山东、陕西、四川、福建、广东、广西、浙江等省，风靡一时。

文昌帝君左右各有一名侍者，一个手持如意，一个手捧卷轴，他们是天聋与地哑。《历代神仙通鉴》载：“（梓潼帝君）道号六阳，每出驾白骡，随二童，曰天聋、地哑。真君为文章之司命，贵贱所系，故用聋哑于侧，使其知者不能言，言者不能知，天机弗泄也。”

隋唐以来，科举制度凝聚着天下士子仕途之梦，考场黑幕却是朝朝难禁、代代不绝，仅清代就出现了顺治丁酉科、康熙辛卯科、咸丰戊午科三大科举舞弊案，涉及官员百余人，天下士子怨声载道。

清咸丰八年（1858），镶白旗秀才平龄参加顺天府乡试，发榜时高中第七。当时倡优、乐户被禁止参加科考，平龄虽是秀才出身，平日里爱好唱戏，时常登台演戏，此事在学子间引发了一场轩然大波，物议沸腾。咸丰皇帝震怒，令大臣载垣、端华牵头查处，很快查出平龄买通抄卷人、阅卷官之事。随着案情深入，连主考官、一品大学士伯葰也牵扯其中，涉及人员还包括刑部右侍郎李清凤之子李旦华、工部郎中潘曾莹之子潘祖同、兵部尚书陈孚恩之子陈景彦等。咸丰戊午科共惩处91人，连伯葰都被处斩。天聋、地哑其实是士子对科举制度黑幕的控诉，是对官场腐败的无奈。朝阳洞的文昌帝君与天聋地哑，就是半部中国科举史的缩影吧。

清代文昌帝君的角色，似乎不仅仅是功名赐予者。清代流行一本《文昌帝君阴骘文》，与《太上感应篇》《关帝觉世真经》同为民间流行的劝善书。“举步常看虫蚁，禁火莫烧山林。点夜灯以照人行，造河船以济人渡。勿登山而网禽鸟，勿临水而毒鱼虾。勿宰耕牛，勿弃字纸。勿谋人之财产，勿妒人之技能……”[1]《文昌帝君阴骘文》中的这些话，林书兵至今还记得，这些千叮万嘱，让我看到了道教温情的一面。

---

[1] 《小楷文昌帝君阴骘文》，上海老二酉堂书局印行。

7-17 朝阳洞依崖而建，石窟之间以栈道相连

7-18 朝阳洞全览

一位清代乡绅的理想国
张家界玉皇洞

湖南省张家界玉皇洞是中国少见的清代道教石窟群。麻空山上分布着雷电洞、玉金洞、毫笔洞、墨池洞、虎龙洞、雄狮洞、孔圣洞、因果洞、峰泉洞九个洞窟，洞中开凿玉皇大帝、魁星、土地公公、八仙等诸多道教神祇。《西游记》中，孙悟空到了某处山头，便把土地唤出来了解此地风土人情；魁星由于寓意“一举夺魁”，为广大士子尊崇，被尊为科举之神；八仙是国人喜闻乐见的神仙。可有谁知道，他们却是戏剧家牵强附会拼凑而成的。

嘉庆四年，一位叫李京开的乡绅

清嘉庆四年（1799）的一天，大清岳常道澧州慈利县（今张家界市慈利县），乡绅李京开来到麻空山中，细雨打湿了上山的石板路，薄雾在山中来回奔涌，老农赶着水牛，在稻田里犁田，背着竹篓的药农在山中如履平地。眼前的世界如同一幅宁谧的水墨画。

嘉庆四年是中国历史上的多事之秋。这年正月初三，乾隆皇帝驾崩于养心殿，嘉庆皇帝亲政。正月初四，嘉庆宣布撤销和珅军机大臣、九门提督职务，并将其党羽福长安软禁，半个月后即下诏赐死和珅。“和珅倒，嘉庆饱”，和珅倒台的消息成为老百姓津津乐道的话题。这些国家大事想来也传到了李京开与乡民的耳中，不过麻空山历来偏僻，乡人以农耕为生，过着自给自足的生活，顶多就是喝酒吃饭时多点谈资罢了。

李京开到麻空山已不是一次两次了，麻空山中有九个天然溶洞，李京开思量着将道教尊神开凿在山洞中，比如玉帝、文昌、魁星、土地、八仙等，他又是名儒生，仰慕孔子、尧、舜、陶皋等历史人物。李京开生于乾隆七年（1742），又名李瑞五，别名九洞乐，幼时也曾寒窗苦读，期冀着能博取功名，光宗耀祖，岂料忙碌了大半辈子，却总与“功名”二字无缘，好在家境殷实，富甲一方，并不需为生计发愁。

乾隆五十六年（1791），李京开物色好工匠，动工开窟，这项庞大的工程直到嘉庆十二年（1807）方才完工。与巴中朝阳洞不同，玉皇洞由李京开一手筹划，那些神祇融入了他的宗教观、世界观——那是一个道教徒，一个没有功名的儒生建造的理想国。

土地公公，道教的“里长”“亭长”

作为湖南省最大的石窟群，玉皇洞早在1959年即名列全国重点文物保护单位，并规划为景点，可惜游客寥寥。我来到这里时，景区已经没人卖票了，70岁的刘俊强在路边经营杂货铺，他说，景区连工资都发不起，只有关门大吉了，他在这里对本地人收取两元、外地人五元的清洁费。反正也没什么生意，刘俊强索性给我带路。景区中央是李京开的石雕，他一身长衫，手持书卷，是位清瘦的书生，他的脚下，一人高的荒草爬满了整个坝子，荒草中横七竖八地散落着石狗、石龟、石象等，再往前走，经年的树叶在石板路上绿了黄，黄了枯，将石窟尘封在麻空山中。

当年，李京开利用麻空山的九个洞窟开凿造像，分别命名为雷电洞、玉金洞、毫笔洞、墨池洞、虎龙洞、雄狮洞、孔圣洞、峰泉洞、因果洞，统称玉皇洞。[1]九洞之中，雷电洞位置最高，高400厘米、宽500厘米，是个天然的喀斯特洞窟，洞中开凿玉皇大帝，玉帝身着龙袍，头戴高冠，端坐龙椅之上，金童手持丹瓶，玉女手捧如意侍奉左右。

玉金洞又名天门土地洞，洞中供奉土地公公，他是位慈眉善目的老者，颌下有着浓密的胡须，身穿长袍，腰束帛带，戴着玉佩。身后岩壁镌刻横额“士庶恩将”，并有对联一副：“白玉天门砌，黄金土地装”落款为“嘉庆十二年丁卯九洞乐书”。

《西游记》中，唐僧师徒到了某个山头摸不着情况，孙悟空便用金箍棒跺跺地，把土地唤来了解情况，头发花白、拄着拐杖的土地公公准从地下冒出来，讲述这里的山川地貌、风土人情，有时还一把鼻涕一把泪地痛诉自己也挨

---

[1] 张辛欣：《湖南地区石窟摩崖造像调查与研究》，湖南大学硕士学位论文，2011年。

7-19 麻空山中有九洞，分别为雷电洞、玉金洞、毫笔洞、墨池洞、虎龙洞、雄狮洞、孔圣洞、峰泉洞、因果洞，统称玉皇洞。这些洞穴是典型的喀斯特地貌，清人李京开利用这些洞穴开凿了道教石窟

7-20 因果洞

了妖精欺负，他们道行不高，斗不过妖精，只得忍气吞声罢了。

土地公公源于中国古时的“社神”崇拜，《孝经》说：“社者，土地之主也，土地广博不可遍敬，故封土为社，以报功也。稷者，五谷之长也。五谷众多，不可遍祭，故立稷而祭之。”[1]社分大小，故《礼记》载：“王为群姓立社，曰大社；王自为立社，曰王社；诸侯为百姓立社，曰国社。诸侯自为立社，曰侯社。大夫以下，成群立社，曰置社。”[2]汉代将后土封为总司大地的神祇，各地又分别祭祀不同的社神，这个体系后为道教沿用，位列“四御”的后土皇地祇掌管着大地，而那些小小的土地公公分散在中国广袤的土地上，有点类似“村长”或“乡长”的角色——道行不高，人数却不少，属于“基层工作者”。

最早被尊为土地公公的是东汉人蒋子文。晋人干宝的《搜神记》记载，蒋子文广陵（今江苏扬州市）人，汉末任秣陵县尉，有贼人犯境，蒋子文追至钟山下，额头受伤，仍拼尽力气绑住贼人，自己也因伤势过重而死。三国时，东吴官吏在路边碰到乘白马、执白羽的蒋子文，说：“我死后被封为此地的土地神，你当告知百姓为我立祠，否则将降灾于民间。”吴主孙权封蒋子文为中都侯，并将钟山更名为蒋山，立庙祭拜。民间传说蒋子文又改封到阴间，成为十殿阎罗的第一殿秦广王。

受蒋子文启发，中国人开始将身边的英雄人物、历史人物附会在土地公公身上，希望他在另一个世界仍能庇护芸芸众生，名将岳飞、诗人韩愈都曾被奉为土地神。土地神一般由男性充当，只有浙江萧山土地为西施娘娘，这可能也是中国唯一一位女性土地神。中国大地上的土地公公数目太多，一一附会实在太过庞杂，老百姓也记不住，只笼统称为土地公公罢了。直到今天，许多乡村的小庙里还有土地公公，大多地方还要给他物色个媳妇，称土地婆婆；没有庙的乡村，就在路边上搭个挡风遮雨的棚子供二老栖身，虽然破落，却不影响乡民对他们的顶礼膜拜。

四川省大邑县飞凤山药师岩山路旁，有一龛石雕土地公婆。2014年秋天，我在这里遇到了背着香烛的王云庆，他是山脚下的高坝村人，前几天家里添了个孙子，老伴备下公鸡、鲫鱼、刀头肉，让他专程来飞凤山祭拜土地。村里有

---

[1] 《孝经援神契》，见（清）赵在翰辑，钟肇鹏、萧文郁点校：《七纬（附论语谶）》，中华书局，2012年。

[2] （清）万斯大：《礼记偶笺》，浙江古籍出版社，2016年。

7-21 雷电洞高400厘米、宽500厘米、深300厘米，洞中立有玉皇大帝与金童玉女，此为手持丹瓶的金童造像

7-22 玉金洞又名天门土地洞，洞中供奉土地公公，这是一位慈眉善目的老者，颌下有着浓密的胡须

7-23 狮子洞高1150厘米、宽450厘米、深800厘米，洞内有一头雄狮，昂首摆尾，栩栩如生

7-24 虎龙洞高1150厘米、宽520厘米、深2800厘米，洞内雕凿有唐尧、后稷、契、皋陶四尊像

个风俗，有人家添丁，要来给土地公婆汇报，传说它们手里有本花名册，记录百姓姓名，进了花名册才是这片土地的人。民国年间，要是上一年有人家添丁，那排场就更大了，添丁的几家人相约在第二年春节抬着土地公婆神像游村，一来分享添丁之喜，二来答谢土地公婆的恩赐。

添丁给土地公公报喜，去世也要向他禀告。王云庆说，村里有老人过世，家人找来道士做法事，尔后男性子孙到土地庙禀告死者的姓名、生辰，称为“报丧”，让土地勾掉死者的籍贯，并为死者引路。在这里，土地公公充当了一个中间人的角色，或者是死者亲属情感的缓冲，他们相信，庇护着这片水土的土地公公会对死者关怀备至，走过黑暗的地下世界，踏上生命的轮回之路。

魁星，又一位主管功名的道教尊神

毫笔洞完工于嘉庆四年（1799），洞中开凿魁星，他青面獠牙，袒胸赤足，脚踏鳌鱼，头顶匾额书“洞放青云”四字，左右有对联一副：“毫毛拔到南天月，笔阵追回北斗星。”出自李京开手笔，读来倒是颇有韵味。

与文昌帝君一样，魁星也是一位主管功名的道教神灵，来源于古时的星宿，本名奎宿，又名天豕、封豕，是西方白虎第一宿，包括了仙女座九颗星与双鱼座七颗星。至迟在汉代，奎宿已被认为主宰天下文运，“奎”字也被用来代指文章、文运，比如秘书监就称“奎府”。汉语中，“奎”与“魁”音同，且“夺魁”“魁首”也有金榜题名之意，慢慢就以“魁”代替“奎”，比如科举第一名称状元，也称魁甲；乡试中式的第一名，也称“魁解”。明朝奉行“五经取士”，《诗》《书》《礼》《易》《春秋》，每经头一名称“经魁”。

“魁”这个字，可以拆成“鬼”与“斗”，魁星由此被形象化，他是一赤发蓝面之鬼，一脚立于鳌头之上，一脚后翘如同“鬼”字的弯钩，一手持笔，一手持斗，意为“魁星点斗，独占鳌头”。诚如明代学者顾炎武所言：“今人所奉魁星，不知始自何年，以奎为文章之府，故立庙祀之。乃不能像‘奎’，而改奎为‘魁’。又不能像‘魁’，而取之字形，为鬼举足而起其斗。”[1]陕西西安碑林博物馆藏《魁星点斗图》为清陕甘总督马德昭所作，图中融合了“正心修身，克己复礼”八字，是碑林名闻天下的碑刻之一。

---

[1]（清）顾炎武撰，（清）黄汝成集释：《日知录集释》，中华书局，2020年。

7-25、7-26 毫笔洞，洞里开凿有文昌帝君像，元仁宗延祐三年（1316），梓潼帝君张亚子被封为“辅文开化文昌司禄宏仁帝君”，掌管人间功名禄位

7-27 墨池洞魁星像，与文昌帝君一样，魁星也是一位主管功名的道教神灵

南宋周密在《癸辛杂识》中记载，南宋士子考中状元，朝廷赠送“锁金魁星盘一副”。明人陆深在《俨山外集》也说，科举考场周围有许多兜售魁星的小商贩，前来应考的士子也乐意买个魁星像随身携带，希望能一举夺魁，有的甚至还在会试考场张贴魁星像。[1]不过，魁甲只有一人，这个也拜，那个也拜，真不知道魁星老爷把这魁甲给谁。

出于对金榜题名的期冀，旧时魁星阁、魁星楼遍布中国。湖南省衡山南岳大庙魁星阁，供奉赤发蓝面、怒目獠牙的魁星。云南省昆明西山龙门达天阁的魁星全身涂金，身披红色绶带，脚踏鳌鱼，连身后的波涛、游龙、蛟龙都以石雕成。西山龙门又暗合“鲤鱼跳龙门”之意，上山祭拜魁星的学子络绎不绝，希望能图个好彩头。

李京开生活的湖南省，旧时祭祀魁星的风俗也很兴盛，农历七月初七是牛郎织女相会日，很少有人知道这天还是魁星生辰。晚饭后，院子里放一香案，

---

[1] （明）陆深：《俨山外集》外三种，上海古籍出版社，1993年。

摆上纸糊的魁星，老人拿出桂圆、榛子、花生，往桌上一扔，哪种干果滚到小孩面前，就分别寓意状元、榜眼、探花，叫“取功名”。倘若干果滚偏了，则意味功名未到，待到下轮再扔。“取功名”往往持续到深夜方休，直到所有人都有功名为止。游戏结束后，院子里点起爆竹，将魁星像与纸钱一起焚烧。

李京开一生参加科举，却每每名落孙山，晚年自号“识破生”，似有看破红尘之意。不过，毫笔洞中的魁星与墨池洞中的文昌帝君，却似乎说明他对金榜题名的渴望——那是一位儒生最大的遗憾。

有意思的是，印度是没有科举考试的，因此佛教并没有主管科举的神灵。而道教抓住中国人，尤其是广大士子渴望金榜题名的心理，先后创造出主管文运、功名的文昌帝君与魁星，争取了众多信徒。佛教中的文殊菩萨被誉为智慧的化身，不过智慧对中国人而言始终不如功名来得实在，佛教又宣扬拜观音可得功名，因“观音”谐音“官印”，却始终不如道教的文昌、魁星来得名正言顺了。

嘉庆十年（1805），李京开又在洞中补凿了一尊鲁班像，他头戴黑皮帽，面向方正，颌下长须及胸，身着对襟开衫，脚踏舄。中国传统木作的锯子、刨子、规矩、墨斗传说都是鲁班发明的，因而鲁班被木匠尊为祖师，而建筑的风水、朝向往往决定着个人乃至家族的命运，在迷信的中国人眼中被视为头等大事，因而需要祭拜鲁班，求得指点。

峰泉洞，看八仙过海各显神通

麻空山9个洞窟中，峰泉洞稍远，距离其他洞窟约4千米，也是最早开凿的洞窟，乾隆五十六（1791）动工，四年后（1795）方才完工。一路上，刘俊强给我讲着其他洞窟的故事，孔圣洞中本有孔子像，20世纪六七十年代，孔子像从岩壁上被拉了下来。我问他，为何只砸烂了孔子像，而把其他神像留下来了呢？刘俊强说，当地人将神祇视为保护神，老百姓的生活与这些神仙早就连在一起了，舍不得砸。

走了大约半小时，峰泉洞到了，洞中有洞，共有三进，洞里昏暗，越往里走越幽静，水滴顺着洞顶的钟乳石滴在地上，在洞中激起回音。八仙在第二进洞中，我拧开手电筒，神话世界中的铁拐李、吕洞宾、何仙姑、张果老在面前次第出现。

中国人可能都听过“八仙过海”的故事：蓬莱仙岛牡丹盛开时，白云仙长邀请众仙家前来赏花，回程之时，铁拐李提议八仙各自施展仙术过海，这便是成语“八仙过海，各显神通”的由来。铁拐李抛下铁葫芦，汉钟离扔下芭蕉扇，张果老放下小毛驴，何仙姑踩着荷叶，其他神仙也各自凭借法器渡海。东海龙王之子摩揭、龙毒率领虾兵蟹将抢了蓝采和的玉板，并将蓝采和囚禁，八仙怎么受得这窝囊气，闹龙宫，杀摩揭。东海龙王请来南海、西海、北海龙王参战，八仙请来五圣相助，双方斗得不可开交，最终南海观音出面调停，令东海龙王释放蓝采和，这场纠纷才算告一段落。“八仙过海”的故事流传久远，在文学、戏剧、绘画、雕塑中都留下了精美绝伦的作品。

八仙的故事脍炙人口，不过其由来、变迁恐怕国人知之甚少。晋代有“蜀中八仙”之说，他们是在蜀地得道成仙的八位神仙，即容成公、李耳、董仲舒、张道陵、严君平、李八百、范长生、尔朱先生八人。唐代也有八仙，不过都是些爱饮酒的诗人，即李白、贺知章、李适之、李琎、崔宗之、苏晋、张旭、焦遂，“诗圣”杜甫有首《饮中八仙歌》，写的就是这八人。

那么，家喻户晓的八仙，铁拐李、汉钟离、张果老、吕洞宾、韩湘子、曹国舅、蓝采和、何仙姑，是在何时产生，其原型又是谁呢？翻阅史料，我发现八仙陆续出现于唐宋时期，其原型是当时颇有名气的道士。比如张果老，本名张果，是唐玄宗时著名道士，玄宗还一度想做媒将玉真公主许配于他。唐朝诗人李颀写过一首《谒张果先生》：“先生谷神者，甲子焉能计。自说轩辕师，于今几千岁。”李硕开元年间拜谒过张果，这个张果也不客气，自称黄帝轩辕氏的老师，已经有几千岁高龄了。八仙之中，张果老以倒骑毛驴闻名，不过早期传说中并无骑毛驴的细节，反倒是宋代诗人潘阆游华山时有“昂头吟望倒骑驴”之向。张果老倒骑驴可能嫁接了潘阆的传说，这倒成了他的标志，甚至有了几分禅理——“多少世间人，不如个老汉，非是倒骑驴，凡事回头看”。

吕洞宾在八仙中名气最盛，南宋吴曾在《能改斋漫录》记载：“（吕洞宾）关右人，咸通初年举进士不第，值巢贼为梗，携家隐居终南，学老子法”；宋人杨亿的《杨文公谈苑》又说他为宋人：“吕洞宾者，多游人间，丁谓通判饶州日，洞宾往见之，语谓曰：‘君状貌颇似李德裕，它日富贵。皆似之。’”[1]杨亿、丁谓皆是北宋名臣，《杨文公谈苑》里记载的是吕洞宾与丁谓交往旧事，似乎也有几分可信。道教中人多以长生不老自居，年代久了，传

[1]（宋）杨亿、张师正：《杨文公谈苑 倦游杂录》，上海古籍出版社，1993年。

说也就越传越神，年代也就越发不可考了。

八仙之中，韩湘子是唐代文学家韩愈的侄子，韩愈名句“云横秦岭家何在？雪拥蓝光马不前”就是写给他的。曹国舅是宋初名将曹彬之孙，本名曹伯。钟离权、何仙姑、铁拐李、蓝采和四位也见于唐宋史料、笔记中，此时是道教在中国历史上极盛期，这也是八仙产生的土壤。

时至元代，八仙才凑成一个班子，他们没有在道教典籍中出现，却在元杂剧中相会，这不得不让人怀疑，八仙的形成究竟是道教徒的创造，还是戏剧家的演义。元代戏剧家马致远的《三醉岳阳楼》中首次出现“八仙”，第四折还借吕洞宾之口道出了八仙姓名：

这一个是汉钟离现掌着群仙箓。这一个是铁拐李发乱梳。这一个是蓝采和板撒云阳木。这一个是张果老赵州桥骑倒驴。这一个是徐神翁身背着葫芦。这一个是韩湘子，韩愈的亲侄。这一个是曹国舅，宋朝的眷属。则我是吕纯阳爱打的筒子，愚鼓。[1]

一个有趣的现象是，八仙组合并非一次定型。《三醉岳阳楼》中，多了个徐神翁，但没有何仙姑。岳伯川的《吕洞宾度铁拐李岳》杂剧中，何仙姑还是缺席，又来了个张四郎。范子安（一说范子康）的《竹叶舟》中第一次出现了何仙姑，无张四郎与徐神翁。汤显祖的传奇《邯郸梦》、明代教坊编演本《八仙过海》都沿用了《竹叶舟》的说法，八仙的班子才算是正式搭起来。为何早期元杂剧中没有何仙姑，却在《竹叶舟》中突然出现了呢？在我看来，范子安将徐神翁、张四郎换成何仙姑，可能是从舞台演出角度考虑的，元杂剧演出对象是大众，舞台上出现个貌美如花的仙姑，比几个大男人演来演去强得多，此后便沿用下来。

因此，所谓八仙，只是把古代传说中一些互不相干的神仙，经过戏剧家的加工牵强附会而成。不过说来也奇怪，八仙却成了家喻户晓、妇孺皆知的人物，明人王世贞说得好：“以是八公者，老则张，少则蓝、韩，将则钟离，书生则吕，贵则曹，病则李，妇女则何，为各据一端，做滑稽观耶？”[2]八仙的

[1] 《吕洞宾三醉岳阳楼杂剧》，见（明）臧懋循编：《元曲选》，中华书局，1958年。

[2] （明）王世贞撰：《弇州山人题跋》，浙江人民美术出版社，2012年。

身份复杂，男女老幼，富贵贫贱，文庄粗野，社会上形形色色都能找到自己的影子。元代杂剧流行，八仙的故事多滑稽、娱乐色彩，迎合了大众需求，这也是八仙易于为大众接受的原因。

湖南花鼓戏中有则《八仙庆寿》，演的便是八仙故事，花鼓戏源自湘南民歌，演出时以花鼓大筒及唢呐、琵琶、笛子、锣鼓等乐器做伴，曲风明快。《八仙庆寿》刘俊强打小便爱听，村里过去有戏班子，唤作“行箱”，成员大多是些农民，农忙务农，农闲从艺，演得最拿手的就是八仙戏：

慕道修真，不贪红尘，咫尺之间半边天，修行慕道乐安然，有人问我名和姓，咱本纯阳吕洞宾。吾乃，纯阳县，吕洞宾。只因王母寿诞，众仙委我前往斗牛宫中采办寿词，我还要回复众仙，就此而往。忆昔当年如梦境，转眼不见五千年，逍遥自在众仙乐，天上人间不相同，架起祥云朝前往。

说到兴头上，刘俊强索性来了段《八仙庆寿》，他告诉我，刚刚唱的是吕洞宾的开场白，唱完这一段，其他七仙就该登台了，他的声音沧桑而有磁性，抑扬顿挫，回荡在空寂的山谷中。

嘉庆十二年（1807），麻空山九个洞窟陆续完工。晚年的李京开以教书育人为己任，期冀乡里的读书人能金榜题名，出人头地；他又时常到麻空山中，看那些上了年纪的老太太在香炉中插上一炷炷香，听着喃喃的念经声回荡在空寂的山谷中。道光五年（1825），李京开辞世，他晚年一直生活在自己建造的理想国中，不知道家乡的儒生，有了魁星与文昌帝君的庇佑是否能金榜题名；也不知他信奉的土地公公，能否引领他走过黑暗的地下世界。

土地与城隍

土地公公是道教的“里长”“亭长”，而州府县城，则由城隍主宰。旧时中国府县有知府、县令，统领师爷、功曹、衙役，管理府县事务。老百姓下意识地认为，在阴间也有一位地方官，城隍便应运而生了，他下辖文武判官、甘柳将军、范谢将军、牛马将军、日夜游神、枷锁将军等，主宰冥界。

城隍本义是指护城河，班固《两都赋序》中有“京师修宫室，浚城隍”的记载，“浚城隍”，即疏通护城河的意思。可能护城河是用来保卫城池的，南北朝始逐渐被神化，《北齐书·慕容俨传》记载，齐将慕容俨守城，“城中先有神祠一所，俗号城隍神，公私每有祈祷”。城隍信仰是伴随着城市的出现而兴起的，越来越多的人在城市中混居杂处，而瘟疫、战争、洪涝的困扰，使得他们开始寻求神灵的庇护，城隍信仰也就应运而生。唐代城隍信仰已有萌芽之势，诗人杜甫、韩愈、张九龄、杜牧、李商隐等都撰有祭祀城隍的诗文，杜甫就有诗云：“十年过父老，几日赛城隍。”

北宋城隍信仰走向鼎盛，宋人赵与时的《宾退录》记载，“今其祀几遍天下。朝家或赐庙额，或颁封爵，未命者或袭邻郡之称，或承流俗所传，郡异而县不同，至于神之姓名，则又迁就附会，各指一人。”根据赵与时的描述，当时的城隍庙已遍布大江南北，各地城隍的姓名也不一样。

明朝建国后，明太祖朱元璋对城隍推崇备至。洪武二年（1369），朱元璋下诏大封天下城隍，封京都城隍为承天鉴国司民升福明灵王，开封、临濠、太平、和州、滁州城隍为正一品，其余府城隍为正二品；封州城隍为灵佑侯，正三品；封县城隍为显佑伯，正四品。为何明太祖朱元璋如此推崇城隍呢？他曾说："朕立城隍神，使人知畏，人有所畏，则不敢妄为。"也就是说，朱元璋想通过城隍，建立一个阴间的统治机构，使得百姓敬畏神灵，不敢肆意妄为。在明太祖诏令之下，中国大地上的城隍庙如雨后春笋一般兴起。

城隍有都城隍、府城隍、州城隍、县城隍之分，分别对应着人间的京兆尹、知府知州、与县令。与土地一样，城隍往往也由老百姓选出，常以去世的英雄或名臣来充任，希望他们的英灵能和生前一样护佑百姓，比如北京城隍杨椒山、福州城隍陈文龙、柳州城隍柳宗元、苏州城隍春申君、邕州城隍苏缄、南昌城隍灌婴、郑州城隍纪信、谷城城隍萧何、杭州城隍周新等。

旧时中国城隍庙众多，名气最大的恐怕就是平遥古镇里那座了。城隍庙坐北朝南，前后四进院落，由牌楼、山门、戏楼、献殿、城隍殿、寝宫构成，两侧走廊塑有阴森的地狱场景。中国诸如城隍庙街、城隍庙巷等地名更是不计其数，这些地名背后都曾有座城隍庙，只是早已在历史变幻中消失不见罢了。

上 / 李京开石像，这位乡绅生于乾隆七年（1742），又名李瑞五，别名九洞乐，因科举屡试不第，转而在麻空山中捐资开凿道教石窟

下 / 玉皇洞曾被规划为景点，怎奈游客寥寥，2016年夏天，这里已是一派残破萧条的景象

跋

寻仙问道访深山

读萧易的《知·道——石窟里的中国道教》，颇觉津津有味。不仅由于此前专门研究道教石窟的书寥寥无几，也因为该书的切入方式与角度，让人耳目一新：萧易既系统地梳理了道教石窟的沿革、盛衰以及造像风格的衍变，解析道教石窟凝固了怎样的俗世愿望，也讲述历代皇权和神权的彼此倚重、互相借力，介绍武侠、神话跟史迹的差异或交叠，还勾勒了古时形形色色的石窟供养人的生平事迹……神仙形象，庙堂心思，民间渴求，江湖恩怨，世道变迁，尽皆容纳书中。

萧易也从道教龛窟入手，饶有趣味地回溯一些神灵的来龙去脉：赵公明从晋代《搜神记》中的冷漠冥将，从隋代的讨厌秋瘟，最后怎样变成了掌管世间财源、广受喜爱的神明？唐代名医孙思邈如何完成从人到神的转变，成为“灵丹妙药最灵”的药王？早年在民间影响不大的关羽，后来被步步抬升为“关圣”——勇武与忠义的化身，其间经历了什么样的造神史？在马致远、汤显祖等人笔下逐渐显影、成型的戏剧角色，与国人耳熟能详的八仙，是怎样重叠的？

有时候，他还别具慧眼，澄清某些众口一词的不确之处：剑阁县碗泉乡泉水村的一座简陋小庙，屡屡被中国道教石窟史提起，因为《剑阁县志》曾记载，庙中岩壁上曾发现一则东晋“大兴二年”的题记。如果此说确凿，这就是中国迄今发现的最早道教龛窟。萧易专程前往小庙，仔细观摩崖上崖下的造像风格，借助电筒光在漆黑的房间寻找，又逐一辨认岩壁上斑驳的题记——未见“大兴二年”痕迹，倒发现“贞观……九月十一日弟子杨……”字迹。综合造像风格与题记内容，他确认老君庙石窟应开凿于唐代。曾被学术界频繁引用的“东晋题记”，原来是一场误会。

能够在佛教、道教石窟研究中获得许多第一手资料，独有发现，得益于萧易持续不断的实地探查与扎实的案头功夫。他的包里总是背着一两本书，时不时见缝插针地掏出来看几页，或者记两则笔记。有八年时间，他专注于佛、道石窟的田野调查，足迹遍及山东、北京、山西、陕西、云南、湖南、重庆等地。四川境内巴中、洪雅、大足、丹棱、仁寿、绵阳、剑阁的荒凉山岭或林边地角，散见道教龛窟藏身，萧易写作《知·道——石窟里的中国道教》期间，也就不时去踏访那些杂草齐腰的深山野径，攀陡峭岩壁，临百米深渊，钻荒僻古洞，俯仰张望，近身贴近玉皇大帝、天蓬元帅、文昌帝君、赵公明、土地公公等。他经常兴致勃勃地讲起刚刚寻访过的道教石窟，他涉足的某山某沟，我这样的老四川人往往闻所未闻。

萧易倾心从事的，是难能可贵的抢救性工作。他此前拜访过的那些古代龛窟，有的还算幸运，依旧保存完好，但其中很多已经惨遭人力毁损，或在时光中风化、漫漶。他虔诚记录的，既有道教石窟一千多年的多姿多彩，也有它们逐渐淡出的影像和感伤的残迹。

从考入四川大学中文基地班至今，萧易居于成都十余年，与成都生活基本上水乳交融，吃麻辣味，逛送仙桥，玩古羌珠玉，尤其是，一门心思扎进巴蜀历史，也几乎走遍四川各地，俨然本地通了。只有当他说起家乡的醉虾一脸陶醉，或者将“r”这个音发成“n”被打趣时，大家才会猛然想起，人家原本来自扬州。

这位扬州才子大学毕业后一直与我共事，也是部门里年龄最小的一位。当一群中老年人七嘴八舌说起陈年往事，他往往一脸懵然，因此也经常被大家倚老卖老地调侃。每当这种时候，萧易绝无丝毫气恼或者心虚，他已经习惯了好脾气地躲避锋芒，一笑了之。其实，萧易有足够的底气不跟我们一般见识：他不知近事，却熟谙古事，这位80后年轻人，迄今已经出版了《古蜀国旁白》《金沙》《空山——静寂中的巴蜀佛窟》《寻蜀记——从考古看四川》《影子之城——梁思成与1939/1941年的广汉》等一系列图书，从书名即可知道，他的注意力着意投向的，是包括成都在内的巴蜀3000多年来的悠久历史。

有时候与年岁相仿的同事说起萧易，都很感慨，也颇羡慕。我们在他那个年龄时，完全不知道自己想做什么、该做什么，所以将许多光阴闲抛浪掷。而萧易从20余岁开始，已经找到自己的兴奋点，开始脚踏实地地构筑自己的文字之城，并且成为一个领域的行家里手。除了上述出版物，萧易迄今已在报刊发表数百万字，他作为《中国国家地理》《南方周末》专栏撰稿人撰写的一系列文章，以见解精辟、文字精美，得到专家的赞赏与众多读者的喝彩。

写作固然源于个人的兴趣，也得益于天赋。但这种从喜爱里生发执着，由付出中得到喜悦与收获的路径，却可以推而广之，适宜推荐给希望了解道教、了解中国文化的读者。

王 鹤　　作家，著有《晚明风月》《民国才女写真》等

成都西安路出土的南朝一天尊二真人二童子像，
中国现存唯一的南朝道像。

巴中南龛摩崖造像规模宏大，精巧玲珑，在大片佛教造像中也夹杂着道教石窟，佛、道自古互相影响，共同融入中国文化。

大足南山三清古洞堪称中国最繁复精美的道教龛窟，高391厘米、宽508厘米、深558厘米，体量庞大，雕刻精良。

安岳玄妙观张李罗王四天尊，神态高远，身体颀长，如同一位位隐逸在山林中的隐者，中国审美若隐若现。

巴中广佛洞，罕见的明代石窟精美之作。工匠多通过面部表情展现内心：“三清”如慈祥的老者；文昌帝君眉目之间给人气宇轩昂之感。

重庆宝顶山，民国年间的玉帝、地母窟，造型温润，神态慈祥。

重庆石门山三皇洞，正壁雕刻三皇。关于他们的身份，有天皇、地皇、人皇，天官、地官、水官诸多说法，而又以天、地、人三皇之说最为流行。

巴中朝阳洞药王与童子像，凿于清代，双手托龙、身骑黄虎是药王的标准形象，这一形象出自药王孙思邈“坐虎针龙”的传说故事。

朝阳洞财神像，财神为中国百姓最喜闻乐见的神仙之一，清代财神以赵公明最为流行，他身骑黑虎，手持钢鞭。道教有“一文一武”两财神，赵公明为“武财神”。

太原龙山三清窟藻井精美绝伦，五条飞龙拖尾徘翔。道士往来天地之间，需要借助龙的帮助；驾驭飞龙云游四海，也是道教徒的人生理想。